utb 6325

AF639690


## Eine Arbeitsgemeinschaft der Verlage

Brill | Schöningh – Fink · Paderborn
Brill | Vandenhoeck & Ruprecht · Göttingen – Böhlau · Wien · Köln
Verlag Barbara Budrich · Opladen · Toronto
facultas · Wien
Haupt Verlag · Bern
Verlag Julius Klinkhardt · Bad Heilbrunn
Mohr Siebeck · Tübingen
Narr Francke Attempto Verlag – expert verlag · Tübingen
Psychiatrie Verlag · Köln
Ernst Reinhardt Verlag · München
transcript Verlag · Bielefeld
Verlag Eugen Ulmer · Stuttgart
UVK Verlag · München
Waxmann · Münster · New York
wbv Publikation · Bielefeld
Wochenschau Verlag · Frankfurt am Main

Sara Gebh, Sergej Seitz

# Postfundamentalismus

facultas

**Sara Gebh,** PhD, forscht am Institut für Politikwissenschaft der Universität Wien im Bereich der Politischen Theorie und Ideengeschichte und leitet das Subprojekt *Archive. Refiguring Forgotten Institutions* im Rahmen des ERC-Projekts *Prefiguring Democratic Futures.*

**Sergej Seitz,** Dr., forscht am Institut für Politikwissenschaft der Universität Wien im Bereich der Politischen Theorie und Philosophie und leitet das Subprojekt *Theory. Conceptualizing Democratic Imagination* im Rahmen des ERC-Projekts *Prefiguring Democratic Futures.*

PREFIGURING DEMOCRATIC FUTURES

erc European Research Council

Funded by the European Union

Dieser Band wurde von der Europäischen Union finanziert (ERC, PREDEF, 101055015). Die geäußerten Ansichten und Meinungen sind jedoch ausschließlich die der Autor:innen und spiegeln nicht unbedingt die der Europäischen Union oder des Europäischen Forschungsrats wider. Weder die Europäische Union noch die Bewilligungsbehörde können für sie verantwortlich gemacht werden.

Bibliografische Information der Deutschen Nationalbibliothek
Die Deutsche Nationalbibliothek verzeichnet diese Publikation in der Deutschen Nationalbibliografie; detaillierte bibliografische Daten sind im Internet über http://dnb.d-nb.de abrufbar.



Reihenkonzept: Alexandra Brand
Umschlag: siegel konzeption | gestaltung unter Verwendung eines Bildes aus der Serie „Fractional Landscapes“, Risographie, ca. 27 × 40 cm,
© Lisa Wieder 2023
Druck und Bindung: Friedrich Pustet, Regensburg
Printed in Germany

utb-Band-Nr.: 6325
ISBN 9783825263256
eISBN 9783838563251 (Open Access)

# Inhalt

# Warum Postfundamentalismus?

## Eine politische Theorie des Gründens und Begründens

Die Fundamente politischen Zusammenlebens sind brüchig geworden. Wissenschaftliche, moralische und politische Autoritäten verlieren ihre stabilisierende Kraft. Mit dem weltweiten Erstarken rechtsextremer Bewegungen kommt es zu Polarisierung und gesellschaftlicher Entzweiung. Angesichts des Überhandnehmens ‚alternativer Fakten', gefühlter Wahrheiten und Verschwörungserzählungen gehen manche Kommentator:innen so weit, von einer Krise der Wahrheit sowie von einem bevorstehenden Untergang der Demokratie zu sprechen.[1] Wenn faktische, ethische und politische Gewissheiten wegbrechen und ein relativistisches *anything goes* an ihre Stelle tritt, wird nicht weniger als „der menschliche Orientierungssinn im Bereich des Wirklichen […] vernichtet", wie die politische Denkerin Hannah Arendt (1967, 83) formuliert. Die Grundlagen demokratischer Verständigung scheinen uns zu entgleiten.

Als Kehrseite der Medaille beobachten wir einen globalen Aufschwung neuer Fundamentalismen: vom neoliberalen Fundamentalismus des Marktes, dessen eiserne Gesetze angeblich keinerlei Spielraum für politische Alternativen und Entscheidungen lassen, über Ideologien völkischer Reinheit, die die rassistisch bestimmten Grundlagen der Gemeinschaft durch ‚Wellen' Geflüchteter und Entrechteter kontaminiert sehen, bis hin zu religiösen Fundamentalismen, die nicht vor Gewalt und Terror zurückschrecken, um die Gewissheiten einer göttlichen Offenbarung durchzusetzen. Dabei streben alle diese neuen Fundamentalismen nach Eindeutigkeit und Klarheit in einer Welt, die ihren Orientierungssinn verloren hat.

In dieser Gemengelage ist das Gefühl der Desorientierung genauso weit verbreitet wie das Begehren nach autoritärer Reorientierung und festen Fundamenten. Um diese Entwicklungen zu begreifen, braucht es eine Verständigung über die Grundlagen politischen Zusammenlebens, über die Fundamente der Demokratie und über die Möglichkeit, politische Überzeugungen vernünftig zu begründen. Wenn wir weder relativistische Orientierungslosigkeit akzeptieren noch den Verführungen neuer Fundamentalismen nachgeben, dann ist es erforderlich, den Sinn politischer Grundlagen, Fundamente und Begründungen neu zu bestimmen, ohne in eine der beiden Fallen zu tappen.

Diese Themen und Problemfelder stehen im Zentrum der politischen Theorie des Postfundamentalismus. Der Begriff „Postfundamentalismus" bezeichnet eine Reihe verwandter Denkansätze in verschiedenen Disziplinen – von der Philosophie über die Geographie bis hin zur Theologie (Landau et al. 2021, Huyssteen 1997) –, die Fragen der Grundlegung und Begründung ins Zentrum stellen. Als politische Theorie geht der Postfundamentalismus von der Beobachtung aus, dass unser politisches und demokratisches Leben vom Streit um Gründe und Grundlagen geprägt ist. Wer ein Gesetz ändern, eine Maßnahme beschließen oder auch die bestehende Ordnung umstürzen will, muss *begründen* bzw. rechtfertigen, warum das sinnvoll wäre. Zudem leben wir in einem Netzwerk politischer Institutionen, d.h. Einrichtungen, die mit bestimmten Interessen und zu bestimmten Zwecken *gegründet* worden sind. Aber was bedeutet es eigentlich, im Bereich der Politik etwas zu begründen und zu rechtfertigen? Wie lassen sich Akte politischer Gründung, Stiftung und Setzung verstehen? Und was hat das Begründen (engl. *reasoning*) überhaupt mit dem Gründen (engl. *founding*) zu tun?

Schematisch lassen sich drei Antwortstrategien auf diese Fragen unterscheiden. Die *fundamentalistische* Antwort lautet, dass wir nach letzten Gründen suchen müssen, die sich nicht kritisieren lassen und als sicheres Fundament politischer Ordnung fungieren: Eine autoritative Letztbegründung soll den Streit um Gründe und Grundlagen beenden. Die *antifundamentalistische* Antwort lautet, dass wir das Begehren nach Begründungen aufgeben müssen. Begründungen maskieren demnach nur, worum es in der Politik geht: Macht, Herrschaft und die Durchsetzung der eigenen Position.

*Postfundamentalistische* Theorien halten beide Antworten für unbefriedigend. Zwar stimmen sie der antifundamentalistischen Zurückweisung von Letztbegründungen zu, aber sie folgern daraus nicht, dass Praktiken des Gründens und Begründens in der Politik keine Rolle spielen. Im Gegenteil, gerade weil es keine letzten Gründe gibt, müssen wir um die Grundlagen politischen Zusammenlebens streiten. Damit bejaht der Postfundamentalismus die konflikthafte Natur des Politischen. Er erkennt an, dass sich politischer Streit weder durch die Etablierung eines absoluten Grundes noch durch die Affirmation bloßer Beliebigkeit beenden lässt. Ausgehend von der Einsicht, dass es keine unhinterfragbaren Grundlagen sozialen Zusammenlebens gibt, betonen postfundamentalistische politische Theorien die Kontingenz und Veränderbarkeit gesellschaftlicher Verhältnisse. Kontingenz meint dabei nicht Beliebigkeit, sondern Verfügbarkeit: Es steht in unserer Macht als Gesellschaft, die politische Ordnung und die Bedingungen unseres Zusammenlebens (anders) zu gestalten. Angesichts der Abwesenheit letzter Gründe brauchen wir provisorische (Be)Gründungen sozialer und politischer Ordnungen. Damit erkennt der Postfundamentalismus die Endlosigkeit politischen Streits an und unterstreicht, dass Begründungen mit politischen Einsätzen und Kraftverhältnissen verbunden sind, ohne auf ein Machtspiel reduzierbar zu sein. Das Präfix „Post" in der Begriffsprägung „Postfundamentalismus" meint sowohl eine Zurückweisung als auch eine Radikalisierung des Fundierungsmotivs (vgl. Posselt/Seitz 2020b): Der Mangel letzter Gründe intensiviert den Streit um Grundlagen.

Damit trägt der Postfundamentalismus der eingangs dargestellten Spannung unserer politischen Gegenwart Rechnung: Einerseits gilt die Moderne als „Zeitalter der Kontingenz" (Joas 2005). Wir haben die vormodernen, unerschütterlichen Fundamente von Religion bzw. absoluter Herrschaft verloren und leben, wie der Philosoph Georg Lukács (1916, 32) formuliert, unter Bedingungen „transzendentaler Obdachlosigkeit". Jede Gegebenheit oder Struktur scheint veränderlich, alles könnte auch anders sein. Das moderne Weltbild, in dem nichts mehr selbstverständlich oder sicher ist, korreliert mit dem Eindruck der *Entgründung* – der absoluten Abwesenheit von Grundlagen. Andererseits legt die allgegenwärtige Rede von der ‚Alternativlosigkeit' einer kapitalistischen Welt nahe, dass ihre Grundlagen unverrückbar sind. Die herrschende neofundamentalistische Ideologie kommt emblematisch in Margaret Thatchers Diktum „There is No Alternative" zum Ausdruck. Abweichende soziale und ökonomische Verhältnisse scheinen unvorstellbar, wie Mark Fisher (2009, 8) formuliert: „Es ist einfacher, sich das Ende der Welt vorzustellen als das Ende des Kapitalismus." Das erweckt den Eindruck, als lebten wir in einer Zeit *unverrückbarer Grundlagen*.

Eine postfundamentalistische Perspektive macht das Zusammenspiel beider Seiten verständlich (vgl. Thonhauser 2020; Herrmann 2020). Betrachtet man nur das Entgründungsmoment, scheint ein Antifundamentalismus bzw. Relativismus naheliegend. Man wird dann aus der Kontingenz sozialer Ordnungen schließen, dass ihre Begründung weder möglich noch notwendig ist. Das Fehlen ultimativer Fundamente erscheint so als Fehlen *jeglicher* Fundamente. Dagegen führt die Ideologie der Alternativlosigkeit zu einem neuen Fundamentalismus, der die Unabänderlichkeit des Kapitalismus entweder akzeptiert oder durch noch festere – natürliche oder göttliche – Fundamente zu überbieten versucht. Das Paradox einer radikal *ent*gründeten und zugleich alternativlos *ge*gründeten Welt erweist sich aus postfundamentalistischer Perspektive als Janusgesicht. Dabei betont der Postfundamentalismus, anders als der Antifundamentalismus, wie wichtig Gründungsprozesse sind – nicht im Sinne einer finalen Grundlegung des Sozialen, sondern als prekäre Stabilisierung von Ordnung.

Auch das argumentative Begründen politischer Einstellungen, Handlungen oder Ordnungen erscheint aus postfundamentalistischer Sicht nicht als bloßes Machtspiel, wie ein Antifundamentalismus meint, der jede Begründung als verschleierte Herrschaftsausübung versteht. Genauso wenig sind Akte des Begründens, zumindest wenn sie nachvollziehbar und überzeugend sein sollen, Ausdruck ‚reiner' Vernunft. Nur wer akzeptiert, dass kein Grund ein letzter Grund sein kann, setzt sich dem ergebnisoffenen Spiel des Begründens aus. Das fundamentalistische Begehren nach letzten Gründen und das antifundamentalistische Begehren, Begründungen hinter sich zu lassen, sind entgegengesetzte Spielarten des Wunsches, mit dem Begründen Schluss zu machen: entweder, indem man ‚ein für alle Mal' begründet oder indem man das Begründen als soziale Praxis diskreditiert. Sowohl die Zurückweisung von Begründungsansprüchen als auch das Beharren auf einem idealen Verständnis rationaler Begründung zielt darauf ab, sich von der Praxis des Gründe-Gebens zu befreien. Der Postfundamentalismus nimmt das Gründen und Begründen ernst: als unverzichtbar für unsere politische Existenz, als revisions- und kritikoffen, und als unauflöslich verbunden mit Macht, Affektivität und Begehren. Auf diese Trias von Macht, Affektivität und Begehren kommen wir in der Folge immer wieder zu sprechen. Während klassische Begründungstheorien das Begründen als *machtfreien* Diskurs verstehen, der unbehelligt ist von *Gefühlen* und *libidinösen Bindungen*, fokussiert der Postfundamentalismus gerade auf jene Aspekte unserer Begründungspraxis, die mit Machtformationen, Affekten und Begehrensdispositionen verknüpft sind.

In der politischen Theorie und Philosophie wurde der Terminus „Postfundamentalismus" maßgeblich von dem politischen Philosophen Oliver Marchart geprägt. In *Die politische Differenz* (2010, engl.

*Post-Foundational Political Thought*, 2007) diskutiert er phänomenologische, poststrukturalistische und feministische Theorieansätze, die sich mit den prekären Grundlagen politischer Verhältnisse befassen. Dabei verknüpft der Begriff „Postfundamentalismus" zwei zentrale Thesen. Zum einen nimmt der Postfundamentalismus die Einsicht in die Gemachtheit gesellschaftlicher Fundamente auf, wie sie u. a. von Jacques Derrida, Michel Foucault oder Pierre Bourdieu formuliert und in feministischen und postkolonialen Theorien (→ 3) auf ihre emanzipatorischen politischen Konsequenzen befragt wurde. Theoretiker:innen wie Gayatri Spivak oder Judith Butler weisen Letztbegründungsannahmen zurück und unterstreichen zugleich die Notwendigkeit provisorischer Begründungen. Spivak grenzt sich von einer antifundamentalistischen Perspektive ab und spricht sich für ein ständiges Hinweisen auf die Konstruktion von Grundlagen aus. Eine „stetig neu ansetzende Kritik des europäischen ethisch-politischen Universalen" (Spivak 1994, 153) ist gegenüber Fundamenten nicht indifferent, sondern betont ihre Kontingenz. Noch deutlicher wird Judith Butler mit ihrem Begriff der „kontingenten Grundlagen". Die Fundamente unseres Zusammenlebens sind kontingent und produzieren immer auch Ausschlüsse, die es zu kritisieren gilt, weshalb sich Butler zugleich gegen einen „nihilistischen Relativismus" (Butler 1995, 39) wendet.

Zum anderen kann eine Phänomenologie des Begründens (→ 4.2) zeigen, dass die Praxis des Gründe-Gebens sich nicht darauf beschränkt, bestimmte Auffassungen dauerhaft festzulegen. Im Gegenteil setzt sich, wer Begründungen vorbringt, der Kritik und Infragestellung aus. Zudem sind Begründungen mit Aspekten der Überzeugungskraft, der Autorität und des Begehrens verbunden. Begründungen gewinnen ihre Kraft in einem Geflecht von Beziehungen sowie historischen und sozialen Kontexten. Eine starke Begründung sagt nicht das berühmte letzte Wort über ein Thema, sondern eröffnet neue Bezugsrahmen, Diskurse und Felder des Streits; sie verändert das Terrain, auf dem sich unser politisches Selbst- und Weltverhältnis konstituiert. Der Postfundamentalismus nimmt die Figur des „grundlos[en] Grund[es]" (Marchart 2010, 106) zum Ausgangspunkt, um Begründungspraktiken in ihrem kontingenten und konflikthaften Charakter zu beschreiben.

Wenn die Gründe, die wir geben, nie absolut sein können, dann können sie auch nicht als final autorisierende Gründe für die Rechtfertigung politischer Ordnungen dienen. Das hat weder Sprachlosigkeit noch Beliebigkeit zur Folge. Wir können Gründe geben und politische Gründungsversuche unternehmen – mehr noch, wir kommen gar nicht umhin, zu gründen und zu begründen –, aber nur um den Preis des streitbaren, konflikthaften Charakters der Gründe. Marchart formuliert diesen Zusammenhang folgendermaßen:

> Nicht alle sozialen Fundamente haben sich in Luft aufgelöst, [...] sondern der Geltungsanspruch eines jeden Fundaments ist umkämpft [...]. Er kann nur hervorgehen aus dem unabstellbaren Spiel konkurrierender Gründungsversuche. Damit bleibt die Dimension der Gründung selbst dort noch präsent, wo ein letzter Grund abwesend ist. [...] Nur unter der notwendigen Bedingung der Abwesenheit eines letzten Grundes werden überhaupt plurale und partielle Gründungsversuche möglich. So gesehen bleibt im postfundamentalistischen Denken der „Grund" anwesend in der Form notwendiger Abwesenheit. (Marchart 2010, 16 f.)

Um das Widerspiel von Gründung und Ungründbarkeit zu erläutern, unterscheidet der Postfundamentalismus im Anschluss an Paul Ricœur (1957) zwischen der Politik (*la politique*) und dem Politischen (*le politique*).[2] Während *la politique* die alltägliche Bedeutung von Politik meint, d. h. die politischen Prozesse und Institutionen einer Gesellschaft, verweist das Politische auf die Prekarität aller dieser Einrichtungen sowie auf die Kontingenz als Bedingung moderner Politik. Denker:innen, die die „politische Differenz" zwischen *der* Politik und *dem* Politischen theoretisieren, sind u. a. Giorgio Agamben, Alain Badiou, Cornelius Castoriadis, Ernesto Laclau, Claude Lefort, Chantal Mouffe und Jacques Rancière.

Viele dieser Autor:innen sind nicht nur dem Postfundamentalismus, sondern auch der Radikalen Demokratietheorie zuzurechnen. Radikaldemokratische Ansätze schließen sich der postfundamentalistischen Kontingenzthese an und betonen die emanzipatorische Rolle von Konflikten, um bestehende Ordnungen in Frage zu stellen. Allerdings sind postfundamentalistische und radikaldemokratische Theorien nicht deckungsgleich. Die Abwesenheit unverrückbarer Grundlagen anzuerkennen heißt noch nicht, sie zu begrüßen. Demokratie zeichnet sich, so eine Kernidee radikaldemokratischer Ansätze, nicht nur durch die Akzeptanz, sondern durch die *Affirmation* von Kontingenz aus. Radikale Demokratie erläutert die Idee demokratischer Volkssouveränität unter postfundamentalistischen Vorzeichen. Daher ist „[n]icht jedes postfundamentalistische Denken [...] demokratisch", aber „demokratisches Denken ist immer postfundamentalistisch" (Marchart 2010, 363).

Neben radikaldemokratischen Theorien schließen sich auch die liberalen und deliberativen Ansätze, die das Feld politischer Theorie aktuell prägen, der Ablehnung eines Fundamentalismus sowie eines Antifundamentalismus scheinbar an. Weder liberale noch deliberative Theorien vertreten einen globalen Relativismus oder behaupten eine absolute Wahrheit als Grundlage politischen Denkens. Damit scheinen liberale, deliberative und radikaldemokratische Perspektiven eine ähnliche Diagnose der modernen Welt vorzunehmen: Der Verlust unhinterfragbarer Autoritäten führt die Verschiedenheit von Lebensformen vor Augen und macht die Begründung politischer Ordnung notwendig. Wenn es keinen einigenden letzten Grund gibt, werden Konflikte um die Organisation gemeinsamer Angelegenheiten unvermeidbar. Während Konflikt aus postfundamentalistischer Sicht allerdings bodenlos ist, verstehen ihn liberale Theorien als einen „vernünftigen Pluralismus" (Rawls 1993, 441), den es in konsensuale Bahnen zu lenken gilt: Wenn es infolge der Heterogenität moderner Lebensformen nicht (mehr) möglich ist, bestimmte Werte als allgemein verbindlich hinzunehmen, dann brauchen wir aus liberaler Sicht rationale Verfahren, um Konflikte angesichts divergierender Wertorientierungen zu lösen (Rawls 1971; Habermas 1988). Das Ersetzen letzter Prinzipien durch rationale Konfliktlösungsverfahren bezeichnet man als „Prozeduralismus". Diese Idee lässt sich auf die Aufklärungsphilosophie Immanuel Kants zurückführen und steht im Zentrum heutiger liberaler und deliberativer Theorien. John Rawls, einer der einflussreichsten liberalen Theoretiker:innen, entwirft das Gedankenexperiment des „Urzustandes" unter dem „Schleier des Nichtwissens" (Rawls 1971, 159–165) als Verfahren, um Gerechtigkeitsansprüche zu prüfen.[3] Die deliberative Diskursethik von Jürgen Habermas fragt nach den Bedingungen inklusiver und konsensorientierter politischer Auseinandersetzung. Das Konsensparadigma möchte das Selbstverständnis demokratischer Verfahren erläutern, ohne den politischen Akteur:innen vorzuschreiben, zu welchen Ergebnissen sie in ihren Debatten zu kommen haben.[4]

Aus postfundamentalistischer Sicht gehen diese liberalen und deliberativen Zugeständnisse an die Kontingenz moderner Gesellschaften nicht weit genug. Der liberal-deliberative Prozeduralismus verkennt, dass Uneinigkeit tiefer reicht als bis zu einem geteilten Verständnis von Vernunft, das die stabile Basis bildet, auf der sich streiten lässt.[5] Der Postfundamentalismus attestiert prozeduralen Theorien einen fundamentalistischen Restbestand, der sich in einem idealisierten Verständnis von Vernunft sowie einem damit einhergehenden Konsensstreben äußert (vgl. Rancière 2000). Anstatt einen gemeinsam geteilten Rahmen der Vernunft vorauszusetzen, besteht Uneinigkeit aus postfundamentalistischer Sicht nicht nur zwischen verschiedenen vernünftigen Weltansichten, sondern bricht bereits an der Frage auf, was überhaupt als vernünftig gilt. Markant zeigt sich diese Differenz in Bezug auf das Problem politischer Akteurschaft. Liberale und deliberative Ansätze setzen eine bestimmte Idee davon voraus, was ein politisches Subjekt ausmacht: Politische Konflikte werden zwischen rationalen Wesen ausgetragen, die entweder (im Liberalismus) eigeninteressiert oder (in der deliberativen Theorie) verständigungsorientiert handeln. Dagegen steht für den Postfundamentalismus die Frage der Subjektivierung, d.h. danach, wer sprechen kann, wessen Wort zählt und was als rationales Handeln gilt, im Zentrum politischer Konflikte (vgl. Oberprantacher/Siclodi 2017).

Die liberal-deliberative Bezugnahme auf ein allgemeines Vernunftverständnis sowie auf eine unproblematisch vorausgesetzte Vorstellung rationaler politischer Akteurschaft fungiert aus postfundamentalistischer Perspektive als quasi-letzter Grund. Zwar ist Vernunft nicht einfach gegeben, sondern wird in gemeinsamen Verfahren hergestellt, sie übernimmt aber doch die Funktion eines Maßstabs, der der Kritik enthoben ist. Nur wenn das Vernunftkonzept von Verzerrungen durch Macht, Affektivität und Begehren freigehalten wird, etwa durch den Schleier des Nichtwissens (Rawls) oder das Motiv gewaltloser Verständigung (Habermas), kann es als Kraft unverzerrter Konsensfindung auftreten (vgl. Rancière 1995; 2000; Honneth/Rancière 2021).

Unser Überblick über den Postfundamentalismus fokussiert auf das zentrale Motiv der Gründung und Begründung. Auf welchen Ideen zur Substanz und Funktion von Gründen baut der Postfundamentalismus auf? Mit welchen Theorien teilt er bestimmte Grundannahmen? Inwiefern können wir über Grundlagen nachdenken, ohne die Absage an Letztbegründungen und Fundamentalismen zu unterlaufen? Dabei gehen wir sowohl systematisch als auch autor:innenzentriert vor. Wir beschreiben den Postfundamentalismus zum einen als eine politische Theorie, die die reale Wirkmächtigkeit von Gründungs- und Begründungspraktiken ins Zentrum stellt und verweisen auf seine historischen Vorläufer:innen und Stichwortgeber:innen. Zum anderen stellen wir die Kernthesen von Autor:innen dar, die in postfundamentalistischen Theoriedebatten diskutiert werden, und rücken zudem einige weniger stark rezipierte Ansätze in den Fokus.

Das erste Kapitel *Grundlagen des Postfundamentalismus* arbeitet die postfundamentalistische Idee politischer (Be)Gründung heraus. Zunächst positionieren wir den Postfundamentalismus vor dem Hintergrund des klassischen Streits zwischen Philosophie und Rhetorik und stellen ihn als Projekt radikaler Aufklärung vor (1.1). Zudem erläutern wir das realistische Verständnis des Gründens und Begründens, das der Postfundamentalismus vertritt, insofern sich Macht und Autorität nicht aus Praktiken des (Be)Gründens wegdenken lassen (1.2). Darüber hinaus klären wir einige zentrale postfundamentalistische Termini (1.3).

Im zweiten Kapitel *Krisen des Begründens* diskutieren wir historische Positionen, die das rationalistische Ideal zwangloser Begründung kritisieren. Zunächst stellen wir einige wirkmächtige, klassische Kritiken des Aufklärungsdiskurses dar: Friedrich Schiller, Fjodor Dostojewski und Herman Melville sehen nicht Vernunft, sondern schöpferischen Ausdruck als Kern menschlicher Freiheit an (2.1). Im Anschluss skizzieren wir Ansätze, die Begründungen als Oberflächenphänomene verstehen, welche darunter liegende Konfliktlinien verdecken. Für Karl Marx sind das ökonomische Unterdrückungsverhältnisse, für Friedrich Nietzsche Machtbeziehungen und für Sigmund Freud unbewusste Begehrensformationen (2.2). Zudem zeichnen wir die Kritik des Pragmatismus an rationalistischen Begründungsverständnissen nach. Für Ludwig Wittgenstein, John L. Austin und Richard Rorty verkennen Letztbegründungsversuche die praktische Rolle, die Begründungen im Alltagsleben spielen (2.3).

Das dritte Kapitel *Pluralisierungen des Begründens* widmet sich Theorien, die die Ausschlüsse rationalistischer Begründungsdiskurse kritisieren. Feministische Autor:innen (Carol Gilligan, Luce Irigaray, Donna Haraway) stellen die Idee universaler Rationalität als phallozentrisch dar (3.1). Postkoloniale Theorien (Chandra Mohanty, Gayatri Spivak, Homi Bhabha) setzen am Eurozentrismus des Vernunftideals an und betonen die intersektionale Verknüpfung von Herrschaftsverhältnissen (3.2). Darüber hinaus diskutieren wir Ansätze der politischen Ökologie (Bruno Latour, Jane Bennett), die die anthropozentrische Verzerrung des Universalitätsanspruchs herausarbeiten (3.3).

Im vierten Kapitel *Aporien des (Be)Gründens* stellen wir die phänomenologischen und poststrukturalistischen Stichwortgeber:innen des Postfundamentalismus vor. Dabei zeichnen wir zunächst einige phänomenologische Einsatzpunkte nach (4.1) und skizzieren mit Samuel IJsseling und Sara Ahmed eine Phänomenologie der Gründe, die Begründungen innerhalb geschichtlicher, sozialer und politischer Kontexte situiert (4.2). Zudem nehmen wir mit Hannah Arendt und Jacques Derrida die spannungsreiche Verbindung zwischen Praktiken des Begründens und politischen (Neu)Gründungen in den Blick (4.3).

Das fünfte Kapitel *Politiken des (Ent)Gründens* versammelt postfundamentalistische Politik- und Demokratieverständnisse. Zunächst stellen wir Ansätze der Entgründung vor (Angela Y. Davis, Jacques Rancière), die die demokratische Abschaffung bzw. Unterbrechung repressiver Ordnungen betonen (5.1). Ansätze periodischer Gründung fokussieren dagegen das Wechselspiel zwischen Be- und Entgründung. Miguel Abensour, Claude Lefort, Andreas Kalyvas und Bonnie Honig sprechen sich für die Revisionsoffenheit von Gründungen aus (5.2). Politiken hegemonialen Gründens (Chantal Mouffe, Ernesto Laclau) stellen das strategische Moment der Allianzenbildung in hegemonialen Neugründungsprozessen heraus (5.3).

Die Kapitel dieses Bandes bauen aufeinander auf. Die systematische Abfolge soll ein umfassendes Verständnis der Hintergründe und Ausprägungen postfundamentalistischer Theorie ermöglichen. Jedes Kapitel bildet eine Einheit und ist für sich verständlich. Durchwegs liefern wir kurze Zusammenfassungen nach dem Motto *tl;dr* – too long; didn't read. Wo Zitate nicht im Original auf Deutsch oder in deutscher Übersetzung vorliegen, stammt die Übersetzung von uns. In den Endnoten geben wir Hinweise für die weiterführende Lektüre sowie auf aktuelle Debatten.

***

Dieses Buch ist im Kontext des ERC-Forschungsprojekts *Prefiguring Democratic Futures* (PREDEF) am Wiener Institut für Politikwissenschaft entstanden. Wir danken dem gesamten Projektteam, namentlich Oliver Marchart, Viktoria Huegel, Alexander Kurunczi, Madlyn Sauer und Rainer Stummer, für ihre Unterstützung. Für kritische Rückfragen und Kommentare danken wir Michaela Bstieler, Matthias Flatscher, Matthias Lorenz, Stephanie Marx, Florian Pistrol, Gerald Posselt, Philipp Schaller, Paul Sörensen, Anna Weithaler und Anna Wieder. Unser besonderer Dank gilt Viktoria Huegel, Martin Nonhoff, Rieke Trimçev und Frieder Vogelmann für die umsichtigen kritischen Lektüren und hilfreichen Hinweise, die sie im Rahmen eines Feedback-Workshops (Wien, 19.4.2024) eingebracht haben. Nicht zuletzt danken wir Sabine Kruse vom facultas-Verlag, die den Publikationsprozess von Anfang an begleitet hat, und Ekke Wolf für die technische Unterstützung.

# Postfundamentalismus im Profil

## 1 Grundlagen des Postfundamentalismus

*Dieses Kapitel skizziert das postfundamentalistische Verständnis politischer Gründung und Begründung vor dem Hintergrund des klassischen Streits zwischen Philosophie und Rhetorik. Ihrem aufklärerischen Selbstverständnis zufolge kämpft die Philosophie als Diskurs reiner Vernunft gegen die manipulative Gewalt der Rhetorik. Allerdings lässt sich zeigen, dass die Rhetorik nicht als bloße Überredung abzutun ist, sondern den materiellen, affektiven und leiblichen Charakter jeder Rede und damit auch jeder Begründung unterstreicht. Der Postfundamentalismus lässt sich als ein Projekt radikaler Aufklärung verstehen, das die blinden Flecken traditioneller Aufklärungsdiskurse kritisch reflektiert (1.1). Vor diesem Hintergrund erläutern wir das realistische Verständnis des Gründens und Begründens, das der Postfundamentalismus vertritt. Damit ist kein metaphysischer Realismus gemeint, der eine beobachter:innenunabhängige Perspektive auf die Wirklichkeit in Anspruch nimmt, sondern ein politischer Realismus, der davon ausgeht, dass sich Macht und Autorität nicht aus unseren (Be)Gründungspraktiken wegdenken lassen (1.2). Abschließend liefern wir eine Klärung der wichtigsten postfundamentalistischen Begrifflichkeiten (1.3).*

### 1.1 (Be)Gründung zwischen Philosophie und Rhetorik: Postfundamentalismus als radikale Aufklärung

Die Politik ist in einer Krise: Das demokratische Gemeinwesen ist zerrissen, Wahrheit und Gerechtigkeit sind aus der Mode gekommen und die Öffentlichkeit wird zur Bühne eines Spektakels, das von Rhetorikexperten im Auftrag oligarchischer Eliten inszeniert wird. Das ist vor fast zweieinhalb Jahrtausenden die Diagnose des Sokrates, der mit Sorge auf die zeitgenössischen Entwicklungen in Athen blickt. Für die Sophisten – Rhetoriklehrer, die ihr Wissen der Athener Oberschicht gegen Bezahlung feilbieten – hat er nur Verachtung übrig, denn die Dominanz rhetorischer Überredungskunst führe zu gesellschaftlicher Desorientierung. Wo niemand sich ums Wahre kümmert, zielen alle darauf ab, eigene Interessen durchzusetzen. Angesichts dieser misslichen Lage sieht sich Sokrates gezwungen, die Agora, den Athener Marktplatz zu betreten, um seine (männlichen) Mitbürger und das Leben, das sie führen, rückhaltlos in Frage zu stellen. Die, die dort große Reden schwingen, stellt er mit kritischen Fragen bloß und legt ihre Unaufrichtigkeit offen. Heilung kann die zerstrittene Athener Gesellschaft für Sokrates nur in der Philosophie finden: in einer Lebensweise, die egoistische Interessen zugunsten einer uneigennützigen Wahrheitssuche hinter sich lässt. Die sokratische Befragungspraxis offenbart den Mangel guter, vernünftiger Gründe, um ein ehrliches Begehren nach Wahrheit und Erkenntnis anzustacheln.

So oder so ähnlich erzählt man sich üblicherweise die Geschichte von der sokratischen Gründung der westlichen Philosophie. Zwar wurde bereits vor ihm philosophiert, aber Sokrates gilt als der erste, der unser Verständnis von Wahrheit und vom Guten einer systematischen Befragung unterzieht, die nur vernünftige Gründe gelten lässt. Die Philosophie entsteht nicht aus einem natürlichen Streben nach Wissen oder einem Staunen über das Wunder der Welt, sondern wird in einer Situation politischen Konflikts gegründet, wie G. W. F. Hegel unterstreicht: „Entzweiung ist der *Quell des Bedürfnisses der Philosophie*“ (Hegel 1807, 20).[6] Seit Sokrates versteht sich die Philosophie als wahrheitsorientierte Praxis der Befragung und Begründung, wobei Wahrheit nicht nur verlässliches Wissen bereitstellen, sondern die Gesellschaft versöhnen soll. Über etwas, das wahr ist, kann es keine zwei Meinungen geben. Die Stimme des Philosophen soll als Stimme der universellen Vernunft den rhetorisch-politischen Konflikt beenden.

Folgt man dieser Erzählung, dann gibt es zwei Arten von Rede: die *überredende* Rede der Rhetorik, die ihren Adressat:innen mit Tricks und Kunstgriffen eine bestimmte Sichtweise aufzwingt, und die *überzeugende* Rede der Philosophie, die vernünftige Begründungen aufbietet, um wahre Erkenntnis zu ermöglichen. Demnach hat die Rhetorik etwas Gewaltsames. Die Rhetorik übt subtile Gewalt aus; sie will uns überwältigen, ohne dass wir es bemerken. Dagegen sieht sich die begründende Rede der Philosophie als gewaltlos. Vernünftige Argumente üben, wie Jürgen Habermas (1972, 144) sagt, einen „eigentümlich zwanglosen Zwang“ aus, der unsere Freiheit nicht einschränkt, sondern erweitert.

Insofern ist die westliche Philosophie eng mit dem Projekt der Aufklärung als Kampf gegen unhinterfragte Autoritäten und Vorurteile verbunden. Die Kraft der Vernunft soll die Fesseln traditioneller Dogmen zerschlagen, die die Menschen in Unfreiheit und Unwissenheit halten. Oft wird die Aufklärung mit der geistesgeschichtlichen Bewegung gleichgesetzt, die sich im 18. Jahrhundert diesen Namen gegeben hat und für die Immanuel Kants Schrift *Was ist Aufklärung?* (1784) emblematisch steht. Dabei lässt sich die aufklärerische Geste, dem autoritären Zwang die Kraft der Vernunft entgegenzustellen, nicht nur in Kants Königsberg, sondern bereits in Sokrates' und Platons Athen oder auch im Amsterdam von René Descartes und Baruch de Spinoza beobachten. Die westliche Philosophie bezieht sich immer wieder auf das sokratische Gründungsereignis und den Kampf gegen die Rhetorik, um die Wahrheit gegen die Meinung und die Gewalt der Rede abzugrenzen.

Ein zentrales Motiv philosophischer Aufklärung im Kampf gegen die Rhetorik besteht darin, Vernunft und Freiheit zusammenzudenken und sie der Sinnlichkeit, den Emotionen und der Natur entgegenzusetzen. Menschen sind demnach sowohl Vernunftwesen als auch Sinneswesen. Als Vernunftwesen, die gute Gründe einsehen und aus ihnen handeln, sind wir frei. Als emotionale, sinnliche Wesen sind wir dem Andrängen der Naturzwänge und Triebe ausgeliefert. Platon versinnbildlicht die Doppelnatur des Menschen zwischen Vernunft und Sinnlichkeit mit seinem Gleichnis des Seelenwagens: Die menschliche Seele kann man sich als Wagen vorstellen, der von einem Lenker (der Vernunft) gesteuert wird, wobei eines der Pferde (die sinnlichen Leidenschaften) sich als störrisch erweist und vom Verstand im Zaum gehalten werden muss. Während die Philosophie uns als Vernunftwesen anspricht, setzt die Rhetorik an unserer sinnlichen Natur an.

Kant verdeutlicht die Spannung von Vernunft und Sinnlichkeit mit der Unterscheidung zwischen Gründen und Ursachen. Ursachen gehören in den Bereich der Naturdetermination. Von der Himmelsmechanik bis zu den Instinkten ist alles, was sich ereignet, in Kausalketten eingeschrieben. Der Lauf der Billardkugel gehorcht naturwissenschaftlich beschreibbaren Gesetzen. Demgegenüber ist der Raum der Gründe bestimmt von den „Gesetzen der Freiheit" (Kant 1785, 11). Die Antwort auf eine Frage nach Ursachen (Warum gab es gestern ein Erdbeben?) ist eine *Erklärung*, die Antwort auf eine Frage nach Gründen (Warum hast du ihr deine Uhr geschenkt?) ist eine *Rechtfertigung*. Wer nach Gründen fragt, fragt nach der rationalen Motivation für Handlungen.

Als sinnliche Wesen unterliegen wir dem Naturzwang. Als vernünftige Wesen können wir unser Tun rechtfertigen, indem wir Gründe angeben. Ursachen sind Quellen der Heteronomie; die Natur begegnet uns als Gewalt der Fremdbestimmung. Gründe fördern Autonomie und Selbstbestimmung. Im vernünftigen Handeln verwirklichen wir uns als selbstbestimmte Wesen. Die Philosophie gibt vernünftige Gründe, während die Rhetorik auf der Klaviatur der Ursachen spielt.

Gegen die Selbstdarstellung der Philosophie als interesselose Wahrheitssuche und die Abwertung der Rhetorik als gewaltsame Überredung regt sich seit der Antike Widerstand.[7] In seiner *Rhetorik* bezeichnet Aristoteles die Redekunst als eine der bedeutendsten Wissenschaften und verbindet sie mit der Lehre vom Argumentieren. Für ihn geht es in der Rhetorik nicht darum, ohne Rücksicht auf Wahrheit zu überreden, sondern darum, „zu erkennen, was […] jeder Sache an Überzeugendem zugrunde liegt“ (Aristoteles, Rhet., 1355b), d.h. was die spezifische Überzeugungskraft ausmacht, die die Rede entfalten kann und die sich weder auf formale Beweise noch auf direkte Machtausübung reduzieren lässt. Zudem ist die Philosophie, soweit sie ihren Einsichten Wirksamkeit verschaffen möchte, auf die Redekunst angewiesen, wie der römische Rhetoriker Quintilian betont. Um ihr Publikum zu überzeugen, muss die Philosophie „sich der Waffe der Rhetorik bedien[en], nicht ihrer eigenen“ (Quintilianus, Inst. Orat., XII, 2, 5): Sobald die Philosophie nicht stumme Kontemplation, sondern sprachliche Darstellung sein will, betritt sie das Feld der Rhetorik, was sich u.a. daran zeigt, dass man die eigene Rede an die jeweilige Situation anpassen muss, indem man über die Wahl der Beispiele, den Wissensstand des Publikums oder den angemessenen Stil nachdenkt.

Darüber hinaus ist die Rhetorik nicht ein Korsett, das der Sprache von außen übergestülpt wird. Die alltäglichste Rede ist voll von rhetorischen Figuren und Tropen. Davon kann man sich leicht überzeugen, wenn man versucht, einen einigermaßen interessanten Satz zu formulieren, der ganz ohne Metaphern und sprachliche Bilder auskommt. (Schon der Ausdruck ‚sprachliches Bild‘ ist ein sprachliches Bild.) Die Philosophie und die Wissenschaften sind auf die produktive metaphorische Kraft der Sprache angewiesen. Im philosophischen und wissenschaftlichen Diskurs müssen wir andauernd über Dinge reden, für die die Alltagssprache keine Begriffe hat (vgl. Posselt 2005). Es bleibt dann nichts anderes übrig, als Metaphern zu erfinden, etwa wenn die Physik das Licht als „Welle“ und „Teilchen“ beschreibt. Das Vokabular der Philosophie geht auf Metaphern zurück, die oft gar nicht mehr als solche erkennbar sind; man denke an so zentrale Begriffe wie „Begriff“, „Grund“ oder „Fundament“. Aus der Sicht Hegels ist dieses stete Erfinden von Metaphern sowie ihre Umwandlung in lexikalisierte Begriffe notwendig für menschlichen Fortschritt in Vernunft und Wissenschaft: „[D]er erste Sinn ist sinnlich, der zweite geistig. […] Nach und nach aber verschwindet das Metaphorische im Gebrauche […] eines Wortes […] durch die Gewohnheit“, sodass wir etwa, wenn wir heute von „Begriffen“ sprechen, überhaupt nicht mehr an das „sinnliche Anfassen mit der Hand [...] denken“ (Hegel 1818, 518). Hegel verbindet damit eine rationalistische Hoffnung. Die Metapher ermöglicht, Sinnliches/Materielles in Geistiges/Vernünftiges zu verwandeln, um den Intellekt zu bereichern. Geschichte ist aus dieser Sicht ein zielgerichteter Fortschrittsprozess, in dem sich das begriffliche Wissen nach und nach vergrößert und die rhetorisch-metaphorischen Anfänge immer weiter zurückgedrängt werden, bis sie schließlich überflüssig werden (vgl. Seitz/Posselt 2017).

Im Gegensatz dazu zeigt das Angewiesensein auf Metaphern für Friedrich Nietzsche, dass sich das Geistige, das Reich der Vernunft oder der Raum der Gründe, nicht von der Materialität, der Leiblichkeit und dem Begehren abkoppeln lässt. Nietzsche geht davon aus, dass die Rhetorik keine Technik ist, um eine zunächst unrhetorische Rede zu formen (vgl. Posselt 2004, Stegmaier 2017). Vielmehr ist die Rhetorik als Technik nur „eine Fortbildung der in der Sprache gelegenen Kunstmittel […]. Es giebt“, so Nietzsche, „gar keine unrhetorische ‚Natürlichkeit‘ der Sprache, an die man appelliren könnte“, oder noch pointierter: „die Sprache ist Rhetorik“ (Nietzsche 1874, 425 f.). In Übereinstimmung mit Nietzsche bezeichnet Theodor W. Adorno die traditionelle Ablehnung der Rhetorik als „Ressentiment derer […], denen der Leib der Sprache für sündhaft gilt“ (Adorno 1966, 62). Die Rhetorik ist der „Leib der Sprache“: der sprachliche Ausdruck, der nicht nur unsere Vernunft, sondern auch unser Begehren anspricht. Die Verurteilung der Rhetorik erscheint als Reflex westlicher Leibfeindlichkeit bzw. einer Geringschätzung des Materiellen, dessen Eigensinnigkeit unterdrückt und beherrscht werden muss (vgl. Feldman 2017). Für Adorno ist der philosophische Kampf gegen die Rhetorik eine Episode der *Dialektik der Aufklärung* (Horkheimer/Adorno 1945), d. h. jenes geschichtlichen Prozesses, in dem rationaler Fortschritt neue Formen der Abhängigkeit schafft. Demnach bringt die Vernunft, die sich gegen die (rhetorische) Gewalt behauptet, selbst neue Gewalt hervor. Gesellschaftliche Rationalisierung führt zu gesteigerter Naturbeherrschung, aber diese schlägt in Herrschaft über Menschen um. Dabei zeigt sich die Dialektik der Aufklärung bzw. das Umschlagen der Aufklärung in Gewalt nicht zuletzt am antidemokratischen Affekt der Philosophie. Die Ablehnung der Rhetorik geht seit der Antike mit einer Ablehnung der Demokratie einher. So plädiert Platon in der *Politeia* für eine Epistokratie, d. h. eine Herrschaft der Wissenden, in der Philosophenkönige regieren, denen alle anderen mangels vernünftiger Einsicht zu gehorchen haben.[8]

Echte Aufklärung erfordert daher auch eine Aufklärung über ihre eigenen blinden Flecken und Ausschlüsse. Radikale Aufklärung darf nicht nur den Gegensatz von Vernunft und Gewalt hervorheben, sondern muss auch nach der Macht und Gewalt *in* unserer Rationalität fragen.[9] Entsprechend kann es für Adorno nicht darum gehen, das Rhetorische – Sinnlichkeit, Materialität, Begehren – aus der vernünftigen Rede zu verdrängen. „Die permanente Denunziation der Rhetorik" ist für Adorno aufs Engste „verbündet mit der Barbarei, in welcher das bürgerliche Denken endet" (Adorno 1966, 62), das sich über seine eigenen autoritären Momente keine Rechenschaft ablegt. Eine radikale, d. h. selbstkritische und selbstreflexive Aufklärung darf nicht die antirhetorische Verbannungsgeste wiederholen, sondern muss das produktive Spannungsverhältnis von Denken und Ausdruck, von Begründung und rhetorischer Figuration berücksichtigen. Adorno bezeichnet seine eigene Denkweise, die „Dialektik", daher als den „Versuch, das rhetorische Moment kritisch zu erretten" (Adorno 1966, 62).

Daran anknüpfend lässt sich der Postfundamentalismus als Ansatz verstehen, der unsere Praktiken des Begründens, der Argumentation und des Streits im kritischen Bewusstsein ihrer rhetorischen Aspekte erläutert, ohne sie auf bloße Manipulation oder einen reinen Machtkampf zu reduzieren. Der Postfundamentalismus möchte eine differenzierte Antwort auf die Frage geben, was Überzeugungskraft eigentlich ausmacht. Insofern ist er nicht mit einer skeptischen Position zu verwechseln, die nur das Bestehende in Frage stellt. Der Skeptizismus zieht sich aus dem Begründungsspiel zurück und läuft auf einen Antifundamentalismus hinaus. Damit gibt er jeden emanzipatorischen Anspruch preis, indem er sich der (prekären) Begründung sowie der Neugründung von Alternativen entzieht. Dagegen bleibt der Postfundamentalismus dem Projekt der Aufklärung entschieden verpflichtet. Er nimmt allerdings die Einsicht von Nietzsche und Adorno auf, dass Aufklärung nie nur Kritik heißt, sondern immer auch Selbstkritik der eigenen Rationalitätsansprüche sowie der damit einhergehenden Ausschlüsse und Machtimplikationen.

## 1.2 Ein realistisches Verständnis des Gründens und Begründens

Der Postfundamentalismus vertritt ein *realistisches* Verständnis des Gründens und Begründens. Begründungen werden weder fundamentalistisch überhöht noch antifundamentalistisch nivelliert, sondern sind als soziale Rechtfertigungspraktiken mit rhetorischen Momenten der Macht, der Autorität und des Begehrens verflochten. Realistisch ist ein solches Verständnis des Begründens nicht, insofern es einen privilegierten Zugang zur Objektivität oder Realität „an sich" veranschlagt, sondern im Gegenteil, insofern es die reale Wirksamkeit von Begründungen anerkennt, die sich nicht aus den historischen, sozialen und politischen Horizonten herauslösen lassen, in denen sie vorgebracht werden. Mit anderen Worten, es handelt sich nicht um einen *metaphysischen* Realismus, der eine beobachter:innenunabhängige Sicht auf die Wirklichkeit behauptet, sondern vielmehr um einen *politischen* Realismus, der die unauflösliche Machtförmigkeit sozialer und politischer Verhältnisse akzeptiert.[10]

Dabei vertritt der Postfundamentalismus zugleich ein realistisches Verständnis politischer *Gründung*. Politische Gründungsakte lassen sich nicht einfach als Umsetzung rationaler Einsicht oder Folge eines selbstevidenten Prinzips verstehen, sondern sind im Kontext politischer Machtverhältnisse situiert. Ein politischer Realismus weiß, dass weder die Gründe, die wir einander geben, noch die Fundamente, die unser Gemeinwesen stabilisieren, außerhalb politischer Horizonte stehen. Aus postfundamentalistischer Sicht ist der Raum der Gründe kein von Macht und Affektivität hermetisch abgeriegelter Bereich, wie Kant meint. Genauso wenig lassen Begründungen Wissen und Klarheit immer weiter anwachsen, wie es Hegel in seiner zielgerichteten Auffassung von Geschichte vorsieht. Begründungen und Gründungen haben immer einen historischen Index, aber was das Verständnis von Geschichte betrifft, hält es der Postfundamentalismus nicht mit Hegel, sondern mit Nietzsche und Michel Foucault (→ 2.2), zwei Denkern, die Geschichte als eine Sache dynamischer und veränderlicher Machtkonstellationen beschreiben. Aus postfundamentalistischer Perspektive gibt es weder Hegels notorisches „Ende der Geschichte" noch ein

Ende der Politik oder ein Ende unseres Streits um Gründe und Grundlagen. Gerade in diesem Sinn ist der Postfundamentalismus und sein Verständnis des (Be)Gründens „realistisch": Er weiß, dass wir um das Gründen und Begründen nicht herumkommen, wobei wir nicht der Hoffnung auf einen ‚letzten' Grund oder eine ultimative Grundlage – und genauso wenig der Hoffnung auf eine skeptische Gemeinschaft, die das Begründen und Grundlegen aufgibt – nachgeben dürfen.

Dieses realistische Verständnis des Gründens und Begründens hat vier Dimensionen: Erstens ist (Be)Gründen immer *krisenhaft* (→ 2). Wenn Gründe und Grundlagen kontingent sind, können sie kein ultimativ stabiles Fundament bilden, sondern bedürfen stetiger Legitimierungs- und Aushandlungsprozesse. Zweitens ist postfundamentalistisches (Be)Gründen *plural*, da die Frage, wer als Subjekt des Gründens und Begründens auftreten kann, konflikthaft zu denken ist (→ 3). Die Autorität und Glaubwürdigkeit, die wir in unseren Begründungspraktiken zum Einsatz bringen, sind ungleich verteilt, u.a. entlang sexistischer, rassistischer und anthropozentrischer Verwerfungen. Drittens ist das (Be)Gründen aus postfundamentalistischer Sicht *aporetisch*, d.h. zugleich notwendig und unmöglich (→ 4). Gründungs- und Begründungspraktiken sind einerseits nicht aus unserem Alltag wegzudenken und können andererseits nie vollständig gelingen, also eine unverrückbare Grundlage etablieren. Daraus folgt viertens, dass postfundamentalistisches (Be)Gründen genuin *politisch* ist (→ 5). Der Konflikt um Fundamente kann aufgrund des pluralen und aporetischen Charakters unserer (Be)Gründungspraxis nie stillgestellt werden. Jeder Versuch der Grundlegung bleibt bestreitbar.

## 1.3 Postfundamentalistische Grundbegriffe

Postfundamentalist:innen sprechen von Gründen, Begründungen, Letztbegründungen, Grundlegungen und Grundlagen, und um die begrifflichen Einsätze des Postfundamentalismus zu verstehen, müssen wir die Grenzen und Beziehungen zwischen diesen Konzepten im Hinterkopf behalten. So geben wir *Gründe*, um eine bestimmte Handlung oder Sichtweise rational zu motivieren, d.h. um sie zu rechtfertigen. Die Sprechakte und argumentativen Verfahren, mit denen wir das tun, nennen wir *Begründungen*. Für Begründungen und Argumente gilt, dass sie logische Strukturen haben, aber zugleich immer spezifisch situiert sind. Sie stehen in historischen, sozialen und politischen Kontexten, die für ihre Bedeutung und Relevanz wesentlich sind. Versuche der *Letztbegründung* ignorieren diese Situiertheit, indem sie auf ein vermeintlich selbstverständliches universelles Prinzip oder eine absolute Autorität Bezug nehmen.

Eine politische Ordnung zu *gründen* bedeutet, sie zu instituieren, d. h. mit einer gewissen Verbindlichkeit und Dauerhaftigkeit zu etablieren. Für die *Gründung* einer Ordnung werden Gründe bzw. Prinzipien als legitimierende *Grundlagen* oder *Fundamente* herangezogen. Wie Hannah Arendts und Jacques Derridas Ausführungen zur französischen und amerikanischen Revolution zeigen (→ 4.3), greifen gerade radikale politische *Neugründungen* oftmals zu Legitimationszwecken auf die unantastbare Autorität vermeintlich selbst-evidenter Prinzipien zurück. Umgekehrt hat politischer Widerstand mit Gesten der *Entgründung* zu tun (→ 5.1), die die etablierten Fundamente durch Praktiken des Protests, des Ungehorsams und der Verweigerung untergraben.

Der Akt der *Gründung* eines Gemeinwesens oder einer Institution kann auch als *Stiftung* oder *Setzung* bezeichnet werden (vgl. Bedorf 2021). Dabei lassen sich Gründungsakte in intensiver und in extensiver Hinsicht betrachten: Sie können intensive Momente großer politischer Spannung sein und einen historischen Umbruch markieren. Zugleich ist ein Gründungsakt erst dann erfolgreich, wenn er einen gewissen extensiven Charakter aufweist, also eine Dauerhaftigkeit, sodass das ursprüngliche Ereignis der *Gründung* durch Praktiken der *Erhaltung* und *Verstetigung* weitergeführt werden muss. Walter Benjamin unterscheidet in Bezug auf Rechtsinstitutionen zwischen einer „rechtssetzenden" und einer „rechtserhaltenden" Gewalt (Benjamin 1921), wobei es sich um eine idealtypische Unterscheidung handelt. So ist für ihn bspw. die moderne Polizei eine Institution, in der Erhaltung und Setzung „in einer gleichsam gespenstischen Vermischung" (Benjamin 1921, 189) ineinander gehen. Formen erhaltender Gewalt wiederholen und reproduzieren den ursprünglichen Akt der Setzung bzw. Gründung. Wenn wir von *(Be)Gründungen* sprechen, möchten wir auf das komplexe Verhältnis zwischen Begründung und Gründung aufmerksam machen. Politische *Gründungs*akte beinhalten stets ein Moment der Gewalt, wobei diese Gewalt durch *Begründungen* sowie durch *Befragungen*, die diese Gründe kritisch ins Visier nehmen, (de)legitimiert werden kann.

*tl;dr*

Vor dem Hintergrund des klassischen Streits zwischen Philosophie und Rhetorik lässt sich der Postfundamentalismus als ein Projekt radikaler Aufklärung verstehen, das Vernunft und Begründung nicht hermetisch von Momenten der Macht und des Politischen abriegeln will, sondern die komplexen Verschränkungen von (Be)Gründung, Macht und Autorität in den Blick nimmt. Damit vertritt der Postfundamentalismus ein realistisches Konzept des Begründens im Sinne eines politischen Realismus, der die Machtförmigkeit politischer Verhältnisse und Beziehungen akzeptiert.

# 2 Krisen des Begründens

*In diesem Kapitel widmen wir uns Positionen der Philosophiegeschichte, die die vermeintliche Liberalität und Zwanglosigkeit sowie den metaphysischen Anspruch des Begründens problematisieren. In einem ersten Schritt hinterfragen Friedrich Schiller, Fjodor Dostojewski und Herman Melville die Verbindung von Freiheit und rationaler Begründung und stellen ihr eine Idee von Freiheit als schöpferischem Ausdruck entgegen (2.1). Im Anschluss widmen wir uns Ansätzen, für die Begründungen Oberflächenphänomene sind, die eine darunter liegende Wirklichkeit verschleiern – seien es ökonomische Unterdrückungsverhältnisse (Marxismus), Machtbeziehungen (Genealogie) oder unbewusste Begehrensdispositionen (Psychoanalyse) (2.2). Darüber hinaus wenden wir uns dem Pragmatismus und seiner Kritik an der metaphysischen Überhöhung von Begründungsansprüchen zu. Ludwig Wittgenstein, John L. Austin und Richard Rorty unterstreichen die praktische Funktion von Begründungen im alltäglichen Zusammenleben (2.3).*

## 2.1 Das Unbehagen der Vernunft: Freiheit als Revolte gegen den Begründungszwang

Die aufklärerische Idee menschlicher Emanzipation durch Vernunft und rationale Begründung, wie sie sich emblematisch bei Immanuel Kant findet (→ 1.1), ist in rationalistischen Ansätzen bis heute wirkmächtig. Schon zu Kants Lebzeiten werden kritische Gegenstimmen laut, die den Anspruch problematisieren, menschliche Praxis, Moral und Politik allein auf rationale Einsichten und Prinzipien zu gründen. In Frage gestellt wird dabei nicht weniger als die zentrale rationalistische Idee, streng zwischen Ursachen als Quellen der Heteronomie und Gründen als Quellen der Autonomie zu unterscheiden. Friedrich Schiller, Fjodor Dostojewski und Herman Melville formulieren vor diesem Hintergrund ein Unbehagen: Sind Gründe und Argumente wirklich so zwanglos, wie der Rationalismus der Aufklärung meint?

Dabei verstehen sie Freiheit nicht als Handeln aus guten Gründen, sondern als etwas Expressives und Affektives. Frei sein heißt demnach nicht, aus vernünftigen Gründen zu handeln, sondern besteht darin, die eigene Besonderheit, das individuelle kreative und schöpferische Potential zum Ausdruck zu bringen. Die rationalistische Forderung, das eigene Handeln allein an vernünftigen Gesetzen und Grundlagen auszurichten, erscheint so als Zumutung, die der menschlichen Natur entgegensteht. Sie verkennt den Sinn menschlicher Praxis, für die Affekte und Emotionen eine wesentliche, positive Bedeutung haben.

**Friedrich Schiller (1759–1805) problematisiert Kants Vernunftideal.** Kant übersieht seines Erachtens, wie bestimmend Affektivität und ästhetisches Empfinden für unser Handeln und unsere Orientierung in der Welt sind. In seiner Schrift *Über Anmut und Würde* (1793), in der er sich mit Kants Ethik und Ästhetik auseinandersetzt, macht Schiller geltend, dass die „Würde", die der Vernunft und ihren allgemeinen Gesetzen zukommt, nur die eine Seite der Medaille ist. Sie steht in einer fruchtbaren Spannung zur „Anmut", d.h. der ästhetischen und emotionalen Dimension freien Selbstausdrucks (vgl. Schaller 2018). Vernunft und Würde zeigen sich in unserer Fähigkeit zur Selbstbeherrschung, also darin, dass wir in der Lage sind, spontane Antriebe und Regungen zu unterdrücken. Freiheit und Anmut zeigen sich dagegen im schöpferischen, affektiv-expressiven Tätigsein, also auch darin, sich über die allgemeinen rationalen Gebote hinwegzusetzen. Wer ein Gedicht schreibt, folgt nicht einfach dem Diktat der Vernunft, sondern bringt eine spezifische Weltsicht und Gemütslage zum Ausdruck. Schiller versinnbildlicht das Verhältnis von Anmut und Würde in politischen Begriffen:

> Bei der Würde […] führt sich der Geist in dem Körper als Herrscher auf […]. Bei der Anmut hingegen regiert er mit Liberalität, weil *er* es hier ist, der die Natur in Handlung setzt […]. Anmut liegt also in der Freiheit der willkürlichen Bewegungen; Würde in der Beherrschung der unwillkürlichen. (Schiller 1793, 122)

Während Freiheit in kantischer Tradition heißt, aus vernünftigen Gründen (‚selbst-beherrscht') zu handeln, vertritt Schiller eine Idee von Freiheit als (‚liberales') Geschehenlassen eines expressiven Willens. Damit verknüpft ist auch ein anderes Verständnis von Ethik und Politik. In Bezug auf die Ethik geht es Schiller darum, die emotionale Dimension zu rehabilitieren, die in Kants Pflichtethik keine zentrale Rolle einnimmt. Um jemanden dazu zu bringen, moralisch zu handeln, reicht es nicht, vernünftige Argumente aufzubieten. Echte Überzeugungskraft verlangt vielmehr, das Richtige als anziehend und schön, als begehrenswert und nachahmungswürdig darzustellen. In Bezug auf die Politik ist es für Schiller gerade die Vernachlässigung des Affektiven und Ästhetischen zugunsten abstrakter Vernunftideale, die zum Scheitern der Französischen Revolution im jakobinischen Terror geführt habe, wie er in seinen Briefen *Über die ästhetische Erziehung des Menschen* (1795) nahelegt. In ihrem kompromisslosen, gewaltvollen Streben nach radikaler Freiheit und Gleichheit vernachlässigen die Jakobiner ethische Prinzipien. Für Schiller erfordert eine wahrhafte Utopie der Freiheit und Gleichheit nicht nur eine Erziehung der Menschen im kritischen Denken, sondern setzt eine ästhetische Erziehung voraus, die das in uns anspricht, was rationaler Reflexion vorausliegt.

**Fjodor Dostojewski (1821–1881) radikalisiert Schillers Kritik am Rationalismus der Aufklärung.** Während Schiller darauf abzielt, Vernunft und expressiven Willen miteinander zu versöhnen, stellt Dostojewski in seinen philosophischen Romanen eine Vielzahl von Figuren vor, die gegen die Unbezwingbarkeit rationaler Gründe und Prinzipien ankämpfen. Seine Helden hadern gerade mit der vermeintlichen Gewaltlosigkeit der Gründe. Sie verkörpern die Erfahrung, dass sich der angeblich zwanglose Zwang der Gründe unheimlich ähnlich anfühlen kann wie der Zwang der Ursachen.

Das vielleicht eindrücklichste literarische Zeugnis dieses Gefühls hat Dostojewski in seinen *Aufzeichnungen aus dem Kellerloch* (1864) gegeben. Der Kellerlochbewohner hält die Nötigung durch vernünftige Gründe und die Nötigung durch Naturgesetze bzw. Kausalursachen gleichermaßen für eine Zumutung und Beleidigung seiner Freiheit (vgl. Geuss 2008, 12). Damit entwirft Dostojewski nicht nur ein Gegenbild zu Kant, sondern er kritisiert auch den sozialistischen Rationalismus seiner Zeit, wie er u. a. von dem Schriftsteller und Revolutionär Nikolai Tschernyschewski (1828–1889) vertreten wurde. Dieser geht davon aus, dass sich durch wissenschaftlichen Fortschritt, ökonomische Kalkulation und rationale Einsicht eine perfekte Gesellschaftsordnung bestimmen lässt, die ein Maximum an Wohlergehen und Glückseligkeit für alle Mitglieder ermöglicht. Dostojewskis Kellerlochbewohner hält es dagegen für inakzeptabel und gewaltvoll, dass ihm jemand vorrechnen möchte, was er ‚eigentlich' zu wollen hat, was seine wahren Interessen sind und wie bzw. unter welchen gesellschaftlichen Bedingungen er sie am besten verwirklichen kann. Die rationalistische Anmaßung, die verstrickten Pfade menschlichen Wollens auf eine gerade, vernünftige Bahn zu zwingen, hält er nicht nur für vermessen, sondern auch für vergebene Liebesmüh. Wer sich mit einem solchen überbordenden rationalen Zwang konfrontiert sieht, wird sich unweigerlich der eigenen Freiheit und Unabhängigkeit gegenüber den vernünftigen Gesetzen und ökonomischen Kalkulationen versichern wollen, sei es auch um den Preis des Leidens und der Selbstverletzung. Dostojewski lässt das den Kellerlochbewohner folgendermaßen formulieren:

> Überschütten Sie [den Menschen] mit allen Erdengütern, ertränken Sie ihn in Glück [...] – so wird er Ihnen [...] aus bloßer Undankbarkeit, aus Mutwillen einen Streich spielen. Er wird [...] den verhängnisvollsten Unsinn wünschen, die unökonomischste Sinnlosigkeit, einzig, um in diese ganze positive Vernünftigkeit sein eigenes, verhängnisvolles, phantastisches Element einfließen zu lassen. Gerade seine phantastischen Gedanken, seine trivialste Dummheit wird er sich erhalten wollen, einzig, um sich selbst zu bestätigen [...], daß die Menschen immer noch Menschen und nicht Klaviertasten sind. (Dostojewski 1864, 36)

Hier finden wir erneut das Motiv einer Freiheit als Selbstausdruck, das uns bei Schiller begegnet ist. Es ist nicht Kants „guter Wille", der als Gehorsam gegenüber der Vernunft dem freien Handeln zugrunde liegt, sondern der eigensinnige, expressive Wille, der den anderen und der Welt seinen Stempel aufdrücken möchte. Anstatt nach allgemeinen Gesetzen zu handeln, liegt die Freiheit dieses Willens darin, das zur Geltung zu bringen, was an einem selbst besonders und unverwechselbar ist – das eigene „phantastische Element" – und sich nicht vernünftig verallgemeinern oder ökonomisch berechnen lässt. Anders als Schiller verweist Dostojewski allerdings darauf, dass der expressive Wille nicht auf Anmut festgelegt ist, sondern aufgrund seines erratischen Charakters etwas „Verhängnisvolles", Abgründiges an sich hat.

Aus der Perspektive eines solchen expressiven, voluntaristischen Freiheitsbegriffs nivellieren sich die Unterschiede zwischen dem Zwang der Ursachen und dem Zwang der Gründe. Sowohl die Natur, der wir unterworfen sind, als auch die Vernunft, die uns gebietet, erscheinen als gewaltsame Einschränkungen des freien Ausdrucksvermögens. Der expressive Wille behauptet sich sowohl gegen den Naturzwang als auch gegen den Zwang der Gründe als *Verweigerung*, deren Einschränkungen und Vorgaben zu akzeptieren. Selbst mit dem unabänderlichen Naturzwang will sich der Kellerlochbewohner nicht abfinden; er bezeichnet ihn als „Mauer", gegen die er immerhin anrennen möchte. Und gegenüber den Geboten der Vernunft pocht er darauf, dass er ein Recht auf seine Launen habe: „Ich bin für meine Laune und dafür, daß ich sie jederzeit haben kann" (Dostojewski 1864, 40). Das Geschehenlassen der Laune steht hier für eine Verweigerung, sich den Vernunftdiktaten zu fügen.

**Die für die gegenwärtige politische Philosophie paradigmatische Figur der Verweigerung gegen den Begründungszwang ist Herman Melvilles (1819–1891) *Bartleby*.** Im Zentrum der Erzählung (1853) steht der Kanzleischreiber Bartleby, der sich seinen Aufgaben mit den Worten „Ich möchte lieber nicht" (*I prefer not to*) entzieht. Auf die flehentliche Bitte seines Chefs, er möge vernünftig sein und seine Arbeit wieder aufnehmen, antwortet er: „Augenblicklich möchte ich ganz und gar nicht vernünfig sein" (Melville 1853, 62). Bartleby verweigert nicht nur die Arbeit, sondern er verweigert auch gänzlich, Gründe für seine Verweigerung anzugeben und sich für sie zu rechtfertigen. Er wiederholt nur immer wieder und im Laufe der Erzählung immer exzessiver sein Mantra „Ich möchte lieber nicht".

Für Bartleby ist keine der großen Erzählungen der Moderne mehr überzeugend und sinnstiftend (vgl. Deleuze 1993, Dörfler 2012). Mit Bartleby reduziert sich die Freiheit des expressiven Willens auf die minimale Geste des „Nicht", der rein negativen Verweigerung. Dieses Nicht ist der Nullpunkt freien Selbstausdrucks. Der italienische Philosoph Giorgio Agamben sieht Bartlebys Verweigerung als Revolte, „an der die göttliche und menschliche Vernunft zerbricht" (Agamben 1985, 69). Mit der Zurückweisung des Bestehenden und dessen, was als vernünftig gilt, werde der Weg für ein revolutionäres Bewusstsein frei, das aus der absoluten Negation neue schöpferische Kraft gewinnt (vgl. Agamben 1993).[11]

Tatsächlich ist Bartlebys Verweigerung zum Emblem einiger systemkritischer Bewegungen geworden. Im Rahmen der *Occupy Wall Street*-Proteste zu Beginn der 2010er Jahre hat der Verlag *Melville House* ein „Total Revolution Bundle" angeboten, das nur zwei Bücher enthielt: David Graebers Band *Schulden. Die ersten 5000 Jahre* und eine Ausgabe von Melvilles Erzählung (vgl. Dörfler 2012). Michael Hardt und Antonio

Negri, zwei führende Theoretiker der Occupy-Bewegung (vgl. Hardt/Negri 2011), sehen die Verweigerung als Vorbedingung radikaler Transformation. Sie deuten Bartlebys Geste als „Beginn einer Befreiungspolitik“, wenngleich sie zu bedenken geben, dass die reine „Verweigerung [...] als solche leer“ ist (Hardt/Negri 2000, 216), insofern sie keine handfesten politischen Konsequenzen zeitigt.

**Aus postfundamentalistischer Sicht läuft die totale Absage ans Begründen auf eine Absage an Politik überhaupt hinaus.** Die politische Theoretikerin Bonnie Honig unterstreicht den Hinweis von Hardt und Negri, dass mit reiner Verweigerung politisch noch nichts gewonnen ist. Mehr noch, sie hält das Lob absoluter Verweigerung innerhalb einer „Bartleby-Linken“ (Honig 2021, 14) für problematisch und entpolitisierend. Zieht man sich einseitig auf die radikale Entgründung, auf das Zurückweisen aller Grundlagen und Prinzipien zurück, dann gerät die politische Aufgabe der Neugründung und Stiftung alternativer Formen des Zusammenlebens ins Hintertreffen.

Bartleby kann aus dieser Perspektive als Antifundamentalist schlechthin gelten, der die Entgründung bzw. Verweigerung des (Be)-Gründens zum Selbstzweck erhebt. Oliver Marchart nennt Melvilles Helden „die Inkarnation der Antipolitik schlechthin“ (Marchart 2010, 317). Ein unterschiedsloses Sich-Verweigern gegenüber allen Akten der (Be)Gründung lässt kein politisches Handeln mehr zu, zumindest solange man unter Politik eine Tätigkeit versteht, die mit Strategie, Organisation und dem hegemonialen Aufbau einer Alternative zu tun hat. Der Postfundamentalismus übersetzt das Unbehagen gegenüber dem Begründungszwang nicht in bloße Entgründung. Die Gewalt der Gründe zu problematisieren heißt folglich nicht, aus dem Begründungsspiel auszusteigen, da eine solche Verweigerung als Selbstzweck auf eine Verweigerung politischen Tätigseins hinausläuft. Eine postfundamentalistische *politische* Theorie muss Aufschluss über das (neu)gründende Moment politischer Artikulation geben.

*tl;dr*

Friedrich Schiller, Fjodor Dostojewski und Herman Melville stellen die Koppelung von Freiheit an rationale Universalität in Frage, indem sie Freiheit im schöpferischen Selbstausdruck verorten. Zudem betonen sie die Affektivität menschlicher Beziehungen und stürzen damit die rationalistische Überzeugung, dass der Raum der Gründe ein macht- und gewaltfreier Raum ist, in eine Krise.

## 2.2 Hermeneutiken des Verdachts: Begründung als Ideologie, Herrschaft und Rationalisierung

Was für Dostojewskis Kellerlochbewohner oder Melvilles Bartleby ein Gefühl des Unbehagens an der vermeintlichen Zwanglosigkeit der Gründe bleibt, wird bei Karl Marx, Friedrich Nietzsche und Sigmund Freud zu einer umfassenden „Hermeneutik des Verdachts“ (Ricœur 1999, 45) ausgearbeitet. Der Begriff „Hermeneutik des Verdachts“ stammt von dem Philosophen Paul Ricœur und soll verdeutlichen, dass dem Werk dreier so unterschiedlicher Denker – dem Vordenker des Kommunismus (Marx), dem radikalen Kritiker der westlichen Metaphysik (Nietzsche) und dem Begründer der Psychoanalyse (Freud) – eine gemeinsame Idee zugrunde liegt. Diese lautet, dass das Wesentliche an Texten und anderen kulturellen Formationen nicht so sehr das ist, was sie explizit sagen, sondern das, was sie verbergen und was sich allenfalls an ihren Rändern und in abseitigen Momenten verrät. Oder um das Konzept des Ausdrucks wieder aufzugreifen: Marx, Nietzsche und Freud gehen davon aus, dass nicht so sehr *wir* etwas bewusst ausdrücken, wenn wir sprechen und handeln, sondern dass *sich* in unserem Sprechen und Handeln etwas ausdrückt, das uns nicht bewusst ist. Die Gründe, die wir uns zurechtlegen, um unsere Handlungen und die Verhältnisse, in denen wir leben, zu rechtfertigen, sind aus dieser Sicht Oberflächenphänomene, die die ‚eigentlichen‘, tieferliegenden Ursachen unseres Verhaltens und Zusammenlebens eher verstellen als erhellen. Wenn wir den Sinn einer Äußerung, einer sozialen Praxis oder einer Institution verstehen möchten, dann müssen wir fragen, was darin *zum Ausdruck kommt*, ohne dass die handelnden Akteure das wollen oder sich darüber im Klaren sind. Dabei kann es sich um unterschiedliche Faktoren handeln: ökonomische Machtverhältnisse (Marx), eine Geschichte von Gewalt und Herrschaft (Nietzsche) oder unbewusste Begehrensformationen (Freud).

Damit wird deutlich, warum Ricœur von einer *Hermeneutik* des Verdachts spricht. Die Hermeneutik ist die Lehre vom Verstehen und als solche eine zentrale methodische Disziplin der Geistes- und Sozialwissenschaften. In einer hermeneutischen Einstellung wird der Sinn von Texten und kulturellen Formationen durch eine methodische Lektürepraxis rekonstruiert. Klassischerweise vertraut man dabei auf die Aufrichtigkeit der Autor:in, die ihre bewussten Intentionen transparent artikuliert. Marx, Nietzsche und Freud brechen mit einer solchen

„Hermeneutik des Vertrauens". Aus ihrer Sicht ist das Bewusstsein, der bewusste Wille hinter einer Äußerung oder Handlung, immer schon „falsches Bewusstsein", da wir zumeist nicht ahnen, was die wahren Motive unseren Tätigseins sind. Insofern braucht es eine Hermeneutik nicht des Vertrauens, sondern des Verdachts: des Verdachts, dass sich in den Äußerungen und Praktiken, die man untersucht, etwas Ausdruck verschafft, dem die Subjekte gegenüber blind sind. Hermeneutiken des Verdachts dechiffrieren die unbewussten Kräfte, die auch und gerade dann am Werk sind, wenn wir meinen, autonom und wohlbegründet zu handeln. In der folgenden Rekonstruktion der Hermeneutik des Verdachts bei Marx, Nietzsche und Freud fokussieren wir auf die unterschiedlichen Facetten dieses Vexierspiels von rationaler Oberfläche und verdrängter Tiefenstruktur. Zudem skizzieren wir entscheidende Rezeptionslinien, auf denen die jeweiligen Überlegungen für den Postfundamentalismus produktiv gemacht wurden. Im Marxismus gehen wir dabei auf Antonio Gramsci ein, in der Nachfolge Nietzsches auf Michel Foucault und in der Psychoanalyse auf Jacques Lacan.

**Karl Marx (1818–1883) vertritt eine materialistische Gesellschaftsauffassung, die alle rationalen Ideen und Prinzipien auf materielle Kraftverhältnisse und Bedingungslagen zurückführt.** Geistiges hat aus dieser Perspektive keine eigenständige Realität. Unsere Gedanken, Vorstellungen und Werthaltungen können keine überzeitliche Geltung beanspruchen, sondern sind Ausdruck einer historischen Konstellation ökonomischer Herrschaftsverhältnisse. Gründe haben für Marx keine eigene Motivationskraft; sie richten gleichsam nichts auf eigene Faust aus. Wenn wir meinen, aus guten Gründen und selbstbestimmt zu handeln, verhalten wir uns in Wahrheit so, wie unsere soziale und geschichtliche Position es uns vorgibt bzw. ideologisch aufdrängt. Wir erschließen uns unser Verhältnis zu uns selbst, zu anderen und zur Welt nicht im Denken und Vorstellen. Im Gegenteil, unser Selbst- und Weltverhältnis ist determiniert durch die bestehenden Herrschaftsverhältnisse und die Stellung innerhalb der gegebenen materiellen Machtverteilung. Gemeinsam mit Friedrich Engels (1820–1895) formuliert Marx das in *Die deutsche Ideologie* (1845/46) so:

> Die Gedanken der herrschenden Klasse sind in jeder Epoche die herrschenden Gedanken, d. h. die Klasse, welche die herrschende *materielle* Macht der Gesellschaft ist, ist zugleich ihre herrschende *geistige* Macht. Die Klasse, die die Mittel zur materiellen Produktion zu ihrer Verfügung

> hat, disponiert damit zugleich über die Mittel zur geistigen Produktion [...]. Die herrschenden Gedanken sind weiter nichts als der ideelle Ausdruck der herrschenden materiellen Verhältnisse (Marx/Engels 1846, 46).

Hier zeigt sich die Verschiebung des expressiven Moments weg von den Subjekten deutlich: Nicht die Menschen drücken ihre Ideen aus, sondern in den Ideen der Menschen drücken sich die materiellen Verhältnisse aus. Vor diesem Hintergrund stellt sich die Frage, wie es zu einer Veränderung des Bestehenden kommen kann. Wenn unsere Ideen und Prinzipien nur Ausdruck der bestehenden Verhältnisse sind, wie können wir dann den Gedanken fassen, dass die Verhältnisse verändert werden sollen? Dieser Zweifel liegt dem häufig gegen den Marxismus vorgebrachten Determinismus-Vorwurf zugrunde. Marx' Antwort lautet, dass auch soziale und politische Umwälzungen nicht aus Ideen (wie etwa Utopien) resultieren, sondern auf materielle, historische Entwicklungsdynamiken zurückgehen. Auch revolutionäre Ideen sind nur Ausdruck einer Situation, die in ihrer materiellen Konstitution – also ‚objektiv' – revolutionär verfasst ist.

Anschaulich machen lässt sich diese Konzeption daran, wie Marx das Entstehen des Proletariats als einer revolutionären Klasse erklärt. Diese Entstehung darf man sich nicht so vorstellen, dass jemand mit den Lebensbedingungen der Arbeiterschaft im Kapitalismus konfrontiert wird und auf die Idee kommt, es wäre doch besser, in einer kommunistischen Gesellschaft zu leben, um daraufhin die Arbeiter:innen von der kommunistischen Sache zu überzeugen. Im Gegenteil: Das Proletariat entsteht durch einen geschichtlichen Prozess, den die Dynamik der kapitalistischen Ökonomie, verbunden mit dem technischen Fortschritt, selbst hervorruft. Durch die ökonomische Logik der Ausbeutung und Kapitalmaximierung entsteht eine breite Masse eigentumsloser, abhängiger Arbeiter:innen, die in einen zunehmend spannungsgeladenen sozialen Gegensatz zur Bourgeoisie, der besitzenden Klasse, tritt. Insofern ist die kommunistische Revolution kein schlechthin willentlicher Akt und geht nicht auf einen bewussten Entschluss zurück, sondern sie ist vielmehr die unausweichliche Konsequenz einer geschichtlichen Entwicklung.

Daran wird auch deutlich, wie sehr Marx seine Philosophie in kritischer Auseinandersetzung mit Hegel entwickelt hat. Hegel versteht die Menschheitsgeschichte als Reflexionsprozess, an dessen Ende das absolute Wissen und die Einrichtung einer vernünftigen Gesellschaft stehen. In diesem historischen Prozess sind die Individuen nicht eigentlich Akteur:innen, sondern nur Figuren in einem Drama, dessen Skript sie nicht kennen. Sogar die scheinbar irrationalsten geschichtsmächtigen Taten – das unbedachte Anzetteln eines Krieges oder die ruhmsüchtige Eroberung eines benachbarten Territoriums – erscheinen Hegel als notwendige Etappen auf dem Weg der historischen Selbstverwirklichung des Geistes. Hegel spricht in diesem Zusammenhang von einer „List der Vernunft" (Hegel 1831, 49): Die Vernunft verwirklicht sich geschichtlich durch Taten, mit denen ihre Urheber:innen einen ganz anderen Sinn verbinden.

Engels rühmt Marx einmal, dass er Hegel „vom Kopf [...] auf die Füße gestellt" (Engels 1888, 293) habe. Marx behält den Gedanken eines notwendigen historischen Fortgangs bei, betrachtet als dessen Motor aber nicht die Vernunft, sondern die materiellen Produktivkräfte. Hegels Gedanke der geschichtlichen List bleibt dabei erhalten (vgl. Parkinson 1989): Der Kapitalist, der sein Tun im Register zweckrationaler ökonomischer Nutzenmaximierung versteht, ist in Wahrheit ein blinder Erfüllungsgehilfe jener historischen Dynamik, die zum Kollaps des Kapitalismus und zum Heraufziehen einer kommunistischen Gesellschaft führen wird. Das ist Marx' Hermeneutik des Verdachts: Was dem Kapitalisten subjektiv zweckmäßig erscheint – Arbeiter:innen ausbeuten, Kapital anlegen, in neue Maschinen investieren usw. –, hat objektiv, historisch, einen ganz anderen Sinn, nämlich den Antagonismus zwischen Arbeitskraft und Kapital zu verschärfen, der die Revolution hervorbringt.

Marx bleibt Hegels Rationalismus damit auf eigentümliche Weise treu. Die historischen Akteur:innen sind für den Sinn ihres Handelns blind, aber die Philosophie kann durch die Analyse der historischen Prozesse und ökonomischen Verhältnisse die objektiven Tendenzen einer gesellschaftlichen Entwicklung erkennen, die zu einer rationalen, kommunistischen Gesellschaft führen wird. Zwar weist Marx die idealistische Idee der Letztbegründung zurück, aber die kritische materialistische Analyse der gesellschaftlichen Verhältnisse offenbart dennoch unbestreitbare historische Evidenzen und Gesetzmäßigkeiten. Besonders deutlich zeigt sich das an der Unterscheidung zwischen materieller *Basis* und geistigem, ideologischem *Überbau*. Diese architektonische Metapher stellt darauf ab, dass Vorstellungen und Überzeugungen nur ein Widerschein der materiellen Verhältnisse sind. Gleichwohl kann die ökonomische Basis, wenn man der richtigen (materialistischen) Interpretationsmethode folgt, zweifelsfrei erkannt werden.

Dieser Geschichtsdeterminismus ist in der marxistischen Tradition nicht unwidersprochen geblieben. Zum einen wurde versucht, bestimmte Motive in Marx' eigenen Schriften zu mobilisieren, um ein dynamischeres Verständnis politischer Prozesse ins Auge zu fassen;[12] und zum anderen haben marxistische Theoretiker:innen Adaptionen vorgelegt, um die Wirkmächtigkeit ideologischer Strukturen und die Kontingenz historischer Entwicklungen zu unterstreichen. Die Arbeiten des Philosophen und Mitbegründers der Kommunistischen Partei Italiens Antonio Gramsci sind hierfür ein Beispiel. Seine *Gefängnishefte* (1929–1935) sind bis heute einer der wichtigsten Bezugstexte postfundamentalistischen Denkens. Für Gramsci blendet ein ökonomischer Reduktionismus die politische Dimension der *Hegemonie* aus. Hegemonie meint, dass Herrschaft sich nur stabilisieren kann, wenn es ihr gelingt, gesellschaftlichen Konsens zu erringen. Konsens meint hier keine idealisierte rationale, zwanglose Übereinstimmung, sondern eine faktische Zustimmung, die sich in vorherrschenden Geisteshaltungen und Weltansichten sowie damit verknüpften kulturellen Praktiken verkörpert.

Auf Dauer stellen lässt sich Herrschaft so gesehen nicht durch materielle Kraftverhältnisse allein; politische Stabilität erfordert die Absicherung durch symbolische Legitimation. Dabei geht es Gramsci nicht darum, ein idealistisches Politikverständnis zu rehabilitieren.[13] Er möchte zeigen, wie materielle und symbolische Faktoren zusammenwirken, um ein Herrschaftsverhältnis zu konstituieren. Damit erweitert sich das Feld emanzipatorischer Kämpfe. Anstatt auf die objektive Dynamik historischer Entwicklungsprozesse zu vertrauen, müssen politische Bewegungen die bestehende Hegemonie untergraben und von unten eine Gegenhegemonie aufbauen. Dieser Kampf ist ein Kampf um Deutungshoheit und hat eine hermeneutische Dimension, insofern darum gerungen werden muss, herrschende Vorverständnisse als ideologisch zu entlarven und alternative Deutungen majoritär zu machen:

> Ideologien [sind] alles andere als willkürlich; sie sind reale geschichtliche Fakten, die man bekämpfen und in ihrem Wesen als Herrschaftsinstrumente enthüllen muß, [...] um [...] eine Hegemonie zu zerstören und eine andere zu schaffen. (Gramsci 1935, 191)

Eine bestehende Hegemonie zu untergraben und eine Gegenhegemonie aufzubauen ist keine rein intellektuelle Anstrengung. Vielmehr braucht es politische Organisation, Allianzen- und Kompromissbildung zwischen unterschiedlichen Gruppierungen. Ernesto Laclau und Chantal Mouffe (→ 5.3) sprechen im Anschluss an Gramsci von „Äquivalenzketten" (Laclau/Mouffe 1985, 24) oder Allianzen, die man zwischen unterschiedlichen Forderungen bilden muss, um sie zu bündeln und der bestehenden Hegemonie eine schlagkräftige Gegenhegemonie entgegenzusetzen. Auch wenn tatsächlich „alle Räder still" stehen, wenn der „starke Arm" des Arbeiters es will, wie es im Arbeiterlied heißt, braucht es eine gegenhegemoniale Arbeit an den symbolischen Legitimierungen und Selbstverständnissen, damit der Arbeiter es überhaupt sinnvoll finden kann, die Kraft seines starken Arms dafür einzusetzen.

**Friedrich Nietzsche (1844–1900) wendet sich gegen alle Versuche, gesellschaftliche Verhältnisse und historische Entwicklungen auf eine objektive Basis zurückzuführen.** Im Zuge einer radikalen Sprach- und Erkenntniskritik nimmt Nietzsche Gramscis Einsicht vorweg, dass politische Kämpfe wesentlich Kämpfe um Interpretation und Deutungshoheit sind. Konflikte finden stets auf der Ebene der Interpretation statt, da wir keinen deutungsfreien Zugang zur Wirklichkeit haben. Der menschliche Intellekt ist unfähig, zu einer schlechthin objektiven Realität vorzudringen. Weit davon entfernt, uns der Wirklichkeit näherzubringen, begreift Nietzsche den Intellekt als Verstellungs- und Täuschungswerkzeug. Naturgeschichtlich habe er sich, wie Nietzsche spekuliert, als Waffe der „weniger robusten Individuen" entwickelt, die nicht in der Lage sind, „einen Kampf um die Existenz mit Hörnern oder scharfem Raubthier-Gebiss zu führen" (Nietzsche 1873, 876).

In dem posthum veröffentlichten Text „Ueber Wahrheit und Lüge im aussermoralischen Sinne" (1873) fragt Nietzsche, wie sich angesichts dieser Ausgangssituation – der menschliche Intellekt ist eigentlich eine manipulative Waffe, die der Selbsterhaltung dient – Werte wie reine Wahrheit, interesselose Begründung und objektive Erkenntnis etablieren konnten. Nietzsche erklärt sich das als einen historischen Prozess der Verdrängung und Naturalisierung kontingenter sprachlicher Setzungen (vgl. Posselt 2004; Babka/Posselt 2016, 103 f.). Um Verständigung zu ermöglichen, einigen sich die Menschen zunächst auf gültige Bezeichnungen und Regeln. Durch die Konventionalisierung und Sedimentierung dieser Setzungen bildet sich allmählich ein allgemein verbindliches Begriffs- und Normensystem heraus. Dessen eigentlich kontingente, soziale Verbindlichkeit wird in der Folge zum Inbegriff von Rationalität, Wahrheit und Objektivität überhöht. Dabei gerät in Vergessenheit, dass dieses System nicht natürlich, sondern gemacht ist. Unsere Begriffe sind nicht Abbilder der Wirklichkeit, sondern „[j]eder Begriff entsteht durch Gleichsetzen des Nicht-Gleichen“ (Nietzsche 1873, 880) und enthält ein Moment der Gewalt: Insofern jeder Begriff eine ganze Reihe von Einzeldingen zusammenfasst – der Begriff ‚Blatt‘ passt auf unendlich viele verschiedene Blätter –, unterdrückt er die Einzigartigkeit jedes Gegenstands, der unter ihn fällt (vgl. Posselt/Flatscher 2016, 82–102).

Die sozialen Praktiken der Begriffsverwendung und insbesondere die Sanktionen, die für die Lüge und den Missbrauch der Bezeichnungen vorgesehen sind, verleihen dem kontingent gesetzten Begriffssystem den Anschein der Notwendigkeit. Damit antizipiert Nietzsche den postfundamentalistischen Gedanken, dass Grundlagen stets „kontingente Grundlagen“ (Butler 1995) sind, d.h. auf Setzungen und Stiftungen zurückgehen, die rückwirkend einen Notwendigkeits- und Objektivitätseffekt erzeugen. So erscheint der Mensch für Nietzsche als geschickter Baumeister, dem es gelingt, sich trotz der Abwesenheit fester Fundamente stabil in der Welt einzurichten:

> Man darf [...] den Menschen wohl bewundern als ein gewaltiges Baugenie, dem auf beweglichen Fundamenten und gleichsam auf fliessendem Wasser das Aufthürmen eines unendlich complicirten Begriffsdomes gelingt [...]. Als Baugenie erhebt sich solcher Maassen der Mensch weit über die Biene: diese baut aus Wachs, das sie aus der Natur zusammenholt, er aus dem weit zarteren Stoffe der Begriffe, die er erst aus sich fabriciren muss. (Nietzsche 1873, 882)

Gesellschaftliche Stabilität und rationale Kontrolle setzen demnach die Einrichtung eines kontingenten Fundaments voraus, das zunehmend unverrückbar und in der natürlichen Ordnung der Dinge verankert erscheint. So kommt es nach Nietzsche dazu, dass wir Wahrheit und Vernunft als hehre Selbstzwecke ansehen, während der menschliche „Wille zur Wahrheit“ eigentlich auf einen „Willen zur Macht“ zurückgeht. Dieser will vor allem eines: sich selbst Ausdruck verschaffen. Nietzsche privilegiert eine künstlerische Existenzweise; während der „wissenschaftliche Mensch“ sich eilfertig an das etablierte Begriffsgerüst hält und an dem „complicirten Begriffsdom“ weiterbaut, nimmt der künstlerische, „intuitive Mensch“ ein schöpferisch-expressives Verhältnis zum Bestehenden ein, ohne sich nach den bestehenden Konventionen zu rechtfertigen (Nietzsche 1873, 889).

Eine solche Verweigerung gegenüber dem Gebot der Rechtfertigung stellt für Nietzsche einen Bruch mit dem zentralen Regime gesellschaftlicher Subjektivierung dar. Gesellschaften können nur stabil sein, wenn sie Individuen hervorbringen, die sich als verantwortlich für ihre Taten und Äußerungen ansehen und diese einander gegenseitig zurechnen. In seiner *Genealogie der Moral* (1887) untersucht Nietzsche, wie sich die Vorstellung eines selbstwussten, verantwortlichen Subjekts herausgebildet hat. Für ihn geht jedes autonome Handeln und die gesamte soziale Praxis der Rechtfertigung auf eine lange Gewaltgeschichte zurück, durch die menschliches Verhalten verbindlich und vorhersehbar geworden ist. Die Entwicklung der Idee verantwortlichen Handelns „ging niemals ohne Blut, Martern, Opfer" vonstatten, und es gilt zu ermessen, „wieviel Blut und Grausen [...] auf dem Grunde aller ‚guten Dinge'" ist (Nietzsche 1887, 73, 75). Erst diese Geschichte gewaltsamer Zurichtung macht verständlich, wie der Mensch zu dem werden konnte, was er nach Nietzsche heute ist: ein Tier, das „versprechen darf" (Nietzsche 1887, 67). Das Versprechen steht für die Fähigkeit, sich auf die Zukunft hin zu verpflichten. Diese Fähigkeit setzt Konsistenz, Selbstkontrolle und Kontinuität zwischen der Gegenwart, in der wir ein Versprechen geben, und der Zukunft, in der wir es erfüllen, voraus. Dass wir über eine solche Selbst-Beherrschung (eine „Würde", um mit Schiller zu sprechen → 2.1) verfügen, resultiert nach Nietzsche nicht aus unserer rationalen Verfasstheit, sondern aus langwierigen Disziplinierungsprozessen. Es gibt weder eine natürliche Ordnung der Dinge, die das Fundament unserer sprachlichen Darstellung der Welt bildet, noch ein vorgängiges Subjekt, das unseren Akten und Äußerungen zugrunde liegt. Die Praxis des Begründens ist für Nietzsche primär eine Praxis der Täuschung und Selbsttäuschung.

Der Philosoph Michel Foucault (1926–1984) erweitert Nietzsches Idee der Genealogie zu einer historisch-philosophischen Analysemethode, die die Kontingenz und Machtförmigkeit sozialer Verhältnisse und historischer Prozesse ins Zentrum stellt. Foucault versteht Genealogie im Anschluss an Nietzsche als eine Untersuchung, die die kontingente Gewordenheit von Gegenständen, Vorstellungen und Selbstverständnissen unterstreicht. Dinge und Praktiken haben aus genealogischer Sicht nie einen Ursprung (ein erstes Prinzip, einen Vernunftgrund o. Ä.), sondern viele. Wie Foucault z. B. in seiner Geschichte der Sexualität deutlich macht, geht das, was wir heute als die menschliche Sexualität begreifen, auf eine ganze Reihe naturwissenschaftlicher, medizinischer, juridischer und pädagogischer Diskurse zurück. Damit nimmt Foucault Nietzsches Impetus auf, die Selbstverständlichkeit gegenwärtiger Formationen aufzubrechen, indem man ihre kontingente, machtgesättigte Entstehung nachzeichnet.[14]

Während Nietzsches historische Spekulationen nicht selten eine problematische biologistische Schlagseite haben, versucht Foucault in detaillierter historischer Arbeit die diskursiven Bedingungen und Genealogien herauszuarbeiten, die unser Selbstverständnis prägen. Die genealogische Vervielfältigung der Ursprünge bricht nicht nur mit dem objektivistischen Geschichtsverständnis des Marxismus, sondern auch mit einer klassischen Konzeption von Macht als Top-Down-Herrschaft. Macht hat für Foucault weder ein Zentrum noch einen primären Ort. Sie ist relational und vielgestaltig. Für die Politik bedeutet das, dass emanzipatorische Bewegungen sich nicht auf einen archimedischen Punkt (etwa ‚die ökonomischen Verhältnisse') konzentrieren können, von dem aus sich das gegebene Machtgefüge aus den Angeln heben ließe. Vielmehr braucht es komplexe strategische Interventionen auf unterschiedlichen Ebenen, um nicht nur formal die Regierungsmacht zu erringen, sondern die Regime und Diskurse zu transformieren, in denen Individuen als Subjekte konstituiert werden.

Zudem ist Foucaults Kritik ahistorischer philosophischer Denkweisen für den Postfundamentalismus relevant. Während etwa Kant nach unabänderlichen und überzeitlichen Bedingungen fragt, die jeder Erfahrung zugrunde liegen, entwirft Foucault den Begriff eines „historischen Apriori". Dabei handelt es sich um eine bewusst paradoxe Begriffsprägung: *Apriori* bedeutet ‚von Erfahrung unabhängig', d. h. unserer Wahrnehmung vorausgehend. Foucault versteht das historische Apriori zwar als Grundlage bzw. Bedingung gegenwärtiger sozialer Praktiken, aber unterstreicht zugleich, dass es als *historisches* Apriori selbst einem Wandel unterworfen und veränderbar ist.

> Dieses Apriori [entgeht] nicht der Historizität: es konstituiert nicht über den Ereignissen und in einem Himmel, der unbeweglich bliebe, eine zeitlose Struktur; es definiert sich als die Gesamtheit der Regeln, die eine diskursive Praxis charakterisieren […]. Das Apriori […] ist selbst ein transformierbares Ganzes. (Foucault 1969, 185)

Das historische Apriori lässt sich als anderer Name für die postfundamentalistische Figur kontingenter Grundlagen verstehen. Dass wir nicht über letzte Grundlagen verfügen, führt nicht zu einem Voluntarismus oder Dezisionismus. Vielmehr ist unser Selbstverständnis auf kontingente historische Bedingungslagen ausgerichtet. Die Bedingungen unseres Weltzugangs sind keine rein transzendentalen, sondern historische Bedingungen, zu denen wir uns verhalten, und nicht zuletzt politisch verhalten können.

**Die Psychoanalyse in der Tradition Sigmund Freuds (1856–1939) betrachtet das Begründen unter dem Aspekt der Rationalisierung.** Rationalisierung ist dabei nicht, wie in der Soziologie, als Prozess der Effizienzsteigerung zu verstehen, sondern als psychischer Mechanismus der Selbsttäuschung durch rationale Erklärung. Oft legen wir uns (scheinbar) schlüssige Erklärungen zurecht, um unser Verhalten als vernünftig und folgerichtig darzustellen, während ihm in Wahrheit andere, unbewusste Motive und Regungen zugrunde liegen. Rationalisierungen verhindern eine traumatische Konfrontation mit dem eigenen Unbewussten. Für Freud sind die Gründe, die wir uns zurechtlegen, um unser Agieren zu erklären, vielfach Sublimationen von Trieben und Zwängen, durch die sich unser Unbewusstes Ausdruck verschafft.

Umgekehrt können aus psychoanalytischer Sicht Dinge, die vermeintlich grundlos geschehen und denen wir keine Bedeutung zuschreiben, tiefliegende psychische Ursachen haben. In seiner Studie zur *Psychopathologie des Alltagslebens* (1904) analysiert Freud minutiös diverse Fehlleistungen wie Versprechen, Verschreiben oder Vergessen. Die psychoanalytische Hermeneutik des Verdachts geht davon aus, dass sich in solchen ‚belanglosen' Fehlern sowie in unseren Träumen und Phantasien ein unbewusstes Begehren äußert. Die psychoanalytische Deutungsarbeit dechiffriert diese kodierten, verschobenen und verdichteten Äußerungen und bringt ihren unbewussten Sinn ans Licht. In seinem Hauptwerk, der *Traumdeutung* (1900), beschreibt Freud anhand seiner eigenen Träume die Verknüpfung von Begründung und Begehren. Er träumt von seiner Patientin Irma, die ihm Vorwürfe macht, weil er sie nicht von ihren Beschwerden heilen konnte. Der Traum erfüllt Freud den Wunsch, von der Verantwortung entlastet zu werden:

> Das Ergebnis des Traumes ist […], daß ich nicht schuld bin an dem noch vorhandenen Leiden Irmas und daß Otto daran schuld ist. […] Von der Verantwortung für Irmas Befinden spricht der Traum mich frei, indem

> er dasselbe auf andere Momente (gleich eine ganze Reihe von Begründungen) zurückführt. Der Traum stellt einen gewissen Sachverhalt so dar, wie ich ihn wünschen möchte (Freud 1900, 137).

Freud verdeutlicht damit, dass das Begründen nicht vom Begehren abgetrennt ist, sondern in seinen Dienst treten kann, wie hier in den Dienst des Begehrens, die Verantwortung abzugeben und sich der Schuldgefühle zu entledigen. Begründungen können als Abwehrbollwerke gegen das Abgründige fungieren: gegen Schuld und Scham sowie gegen tabuisierte Begierden, die wir uns nicht eingestehen können, ohne unser Selbstbild ins Wanken zu bringen. Freuds Weggefährte und Biograph Ernest Jones verweist darüber hinaus darauf, dass Rationalisierungen eine stabilisierende und sozialisierende Funktion ausüben:

> Wir alle stehen [unter dem Zwang,] eine Lebensphilosophie und insbesondere eine Theorie unserer selbst zu haben. Als rationales Wesen glaubt jeder in der Lage sein zu müssen, eine zusammenhängende, logisch schlüssige Einschätzung von sich selbst, seinem Verhalten und seinen Anschauungen zu geben. Unter diesem Zwang werden alle seine psychischen Prozesse – ohne daß es ihm bewußt wird – von ihm manipuliert und korrigiert. (Jones 1975, 1137)

Die Psychoanalyse unterstreicht, dass Rationalisierungen eine Sozialisierungsleistung erfüllen. Sie erlauben, uns über unsere Triebnatur hinwegzutäuschen und uns als Wesen zu verstehen, die kohärent, besonnen und selbstbewusst handeln.

Von besonderer Bedeutung für die postfundamentalistische Theoriebildung ist Jacques Lacans (1901–1981) sprachtheoretische Reformulierung der Psychoanalyse. Lacan wendet die linguistischen Einsichten seiner Zeit auf die Psychoanalyse an und vertritt die These, dass das Unbewusste wie eine Sprache strukturiert ist. So wie sprachliche Signifikanten (Bezeichnungen) nicht einfach einem Signifikat (dem Bezeichneten) korrelieren, sondern auf weitere Signifikanten verweisen, lässt sich das Unbewusste als eine Maschine unendlicher Verweisungen verstehen. Werden symbolische Ordnungen, wie die Sprache oder das Unbewusste, als offene Verweisungssysteme begriffen, dann stellt sich die Frage, wie sich überhaupt stabile Identitäten ausbilden können. Lacan antwortet darauf mit seinem Konzept des *Imaginären*.

Das Imaginäre erlaubt, in einer Welt, in der alle symbolischen Bedeutungen im Fluss sind, (prekäre) Inseln der Stabilität und der Identität zu errichten. In dem Text „Das Spiegelstadium als Gestalter der Funktion des Ichs" (1949) erläutert Lacan diese stabilisierende Funktion des Imaginären am Beispiel der frühkindlichen Entwicklung. Das Kind erfährt sich zunächst als offenes, chaotisches Bündel von Strebungen, das nicht scharf von seiner Umwelt abgegrenzt ist. Erst indem es sich im Spiegelbild, also von außen, als eine gegenständliche, körperliche Einheit sehen lernt, beginnt es, sich als eigenständiges Ich wahrzunehmen. Das Spiegelbild wird zur externen Ressource einer imaginären (über Bilder und Repräsentationen vermittelten) Identität. Kurz: Das Symbolische zerstreut, das Imaginäre identifiziert. Würden uns die imaginären Identifizierungen entgleiten, wären wir schutzlos der Psychose ausgeliefert.

Was sich dem Widerspiel von Symbolisierung und imaginärer Identifizierung entzieht, nennt Lacan das *Reale*. Damit wendet sich Lacan gegen klassische Bestimmungen von Realität bzw. Wirklichkeit als das, was uns positiv gegeben ist. Das Reale kann für Lacan nur negativ bestimmt werden, es äußert sich als Mangel und Entzug. Das Reale lässt sich weder symbolisch bezeichnen noch imaginär dingfest machen. Praktisch zeigt sich das daran, wie in der psychoanalytischen Therapie das Trauma der Patient:in adressiert wird. Als real meldet sich in der Analyse das, worüber die Patient:in gerade nicht sprechen kann und was ihren Selbstdeutungsversuchen entgeht. Insofern kreist die gesamte Analyse um etwas Abwesendes, das nie als solches zur Darstellung kommt, aber auf abgründige Weise unsere Persönlichkeit sowie unser Selbst- und Weltverhältnis strukturiert.

Der Postfundamentalismus greift Lacans Konzept des Realen auf, um die ontologische Verfasstheit von Gesellschaft zu beschreiben. Als das Reale wird hier der *Antagonismus* angesehen.[15] Der Antagonismus bezeichnet die ständige Präsenz von gesellschaftlichen Konflikten und unvermittelbaren Gegensätzen. Er verhindert, dass eine Gesellschaft einen Zustand vollkommener Selbstidentität erlangen kann. Insofern erweist sich Gesellschaft als gespalten. Dabei treibt die unauflösliche antagonistische Spaltung zu immer neuen Gründungs- und Identifizierungsversuchen an. Der Antagonismus erscheint als der ‚reale', abwesende Grund des Sozialen.

*tl;dr*

Der Marxismus, Nietzsches Metaphysikkritik und die Freud'sche Psychoanalyse erweitern das Unbehagen gegenüber dem rationalistischen Begründungsideal zu einer „Hermeneutik des Verdachts". Verdachtshermeneutiken offenbaren die Formationen der Macht, der Gewalt und des Zwanges, die in unsere vermeintlich zwanglosen Begründungspraktiken eingeflochten sind. Mit unterschiedlichen Schwerpunktsetzungen vollziehen Marx, Nietzsche und Freud im Hinblick auf das Begründen Gesten der Subversion: Sie untergraben in ihren Analysen die Fundamente sozialer Praxis, um die abgründigen Realitäten und Verwerfungen freizulegen, die auch und gerade jene Akte und Beziehungen heimsuchen, die wir als frei und selbstbestimmt auffassen.

## 2.3 Ohne Gründe handeln: Die pragmatistische Alternative

Das gemeinsame Motiv der Hermeneutiken des Verdachts bei Marx, Nietzsche und Freud ist die Geste des Untergrabens. Die drei „Meister des Zweifels" (Ricœur 1999, 49), wie Ricœur sie nennt, graben unter den rationalen Fundamenten, die unserer sozialen Praxis zugrunde liegen, nach abgründigen Realitäten, die diese Fundamente ins Wanken bringen. Der Pragmatismus trägt ebenfalls eine Kritik des rationalistischen Begründungsparadigmas vor, setzt aber nicht aufs Untergraben, sondern auf *Deflation*.[16] Pragmatistische Ansätze gehen davon aus, dass wir, anstatt nach ersten Gründen oder unumstößlichen Prinzipien zu fragen, die konkreten Funktionen analysieren sollten, die Gründe und Prinzipien in unserer Alltagspraxis erfüllen. Aus pragmatistischer Warte ist das Problem an unserer Begründungspraxis nicht, dass sie die tieferliegenden, unbewussten Motive unseres Handelns verdeckt, sondern dass wir das Begründen mit metaphysischen Erwartungen überfrachten, die es nicht erfüllen kann.

Demnach funktionieren unsere alltäglichen Begründungspraktiken mehr oder weniger reibungslos: Wir fragen eine Freund:in, warum sie dies oder jenes getan hat, und bekommen eine Antwort, auf die wir gegebenenfalls mit weiteren Nachfragen reagieren können. Problematisch wird es immer dann, wenn wir unseren Philosophenhut aufsetzen und das Begründen aus derartigen sozialen Praktiken herauslösen, um es auf ‚das Gute', ‚die Wahrheit an sich' oder dergleichen anzuwenden. Während etwa ‚Warum gibt es heute schon wieder Knödel?' eine sinnvolle Frage ist, auf die wir uns eine sinnvolle Antwort erhoffen dürfen (‚Weil wir die restlichen Kartoffeln verkochen mussten'), führt die analog gebildete Frage ,Warum gibt es die Welt überhaupt?' aus pragmatistischer Sicht nur zu Missverständnissen und sinnfreien Aussagen (,Weil das Ur-Eine sich im Gegenständlichen entäußern muss'). Der Pragmatismus nimmt gegenüber solchen metaphysischen Ungetümen eine deflationierende Haltung ein. Er sieht seine Aufgabe gewissermaßen darin, unser metaphysisch aufgeblasenes Begründungsdenken von der heißen Luft zu befreien, um es auf seine richtige Größe zusammenzustutzen.

**Der Logiker und Philosoph Ludwig Wittgenstein (1889–1951) denkt das Begründen als ein „Sprachspiel" unter vielen, das keinen privilegierten Status gegenüber anderen sozialen Praktiken besitzt.** Wittgensteins Denken zeichnet sich nicht zuletzt durch seine rückhaltlose Bereitschaft zur Selbstkritik aus. So suchen viele seiner späteren Arbeiten nicht so sehr die Auseinandersetzung mit anderen Denker:innen, sondern reflektieren kritisch auf sein eigenes Frühwerk. Darin, im *Tractatus logico-philosophicus* (1921), versucht Wittgenstein, klassische philosophische Probleme (wie die Frage nach dem Sein, dem Ursprung der Welt o.Ä.) als Scheinprobleme zu entlarven, die auf einem Missverständnis des Verhältnisses von Sprache und Welt beruhen. Er vertritt dabei eine Abbildtheorie sprachlicher Bedeutung: Die logischen Beziehungen, die in einem Satz dargestellt werden, entsprechen den logischen Beziehungen der Sachverhalte, auf die er referiert.

Einfacher gesagt: Der Satz ,Die Katze sitzt auf der Fensterbank' ist wahr, wenn die Katze auf der Fensterbank sitzt. Aufgabe der Sprache ist es, Sachverhalte der Welt in Sätzen abzubilden. Versteht man Sätze als Bild bzw. „Modell der Wirklichkeit" (Wittgenstein 1921, 4.03), dann hängt ihr Sinn davon ab, dass wir die Abbildbeziehung zwischen Satz und Wirklichkeit überprüfen können. Bei metaphysischen Sätzen, in denen Worte wie Gott, das Gute oder der Urgrund vorkommen, ist das nicht möglich, da sich nicht ausweisen lässt, worauf sie sich eigentlich beziehen. Insofern sind für Wittgenstein die Sätze der Metaphysik nicht einfach falsch, sondern sinnlos: Wir haben, anders als bei naturwissenschaftlichen Sätzen, nicht einmal ein passendes Kriterium (Abgleich mit der Realität), um festzustellen, ob sie wahr oder falsch sind. Das ist der Sinn des Schweigeverdikts, mit dem Wittgenstein den *Tractatus* beschließt: „Wovon man nicht sprechen kann, darüber muß man schweigen." (Wittgenstein 1921, 7) Über alle klassischen philosophischen Fragen muss man vermeintlich schweigen, da die Sprache uns keinen Zugang zu ihnen biete. Philosophie wird damit zu einer

Art Sprachkritik, die nachweist, dass man über bestimmte Dinge nicht sprechen kann.

In seinem zweiten Hauptwerk, den *Philosophischen Untersuchungen* (1953), behält Wittgenstein diese metaphysikkritische Ausrichtung bei, wendet sich aber gegen die Sprachtheorie, die er im *Tractatus* vorgelegt hat. Wie Wittgenstein nun argumentiert, übersieht die Abbildtheorie, dass Sprache keineswegs nur dazu da ist, die Wirklichkeit zu beschreiben. Auf den wahrheitsfähigen Aussagesatz zu fokussieren erscheint ihm im Spätwerk als problematischer Reduktionismus, der verkennt, auf wie viele unterschiedliche Weisen wir Sprache in unseren realen sozialen Praktiken gebrauchen.

In der Tat sprechen wir kaum jemals, um nur einen Sachverhalt zu beschreiben. Wir wollen unser Gegenüber bspw. überzeugen, warnen, auf etwas Lustiges aufmerksam machen, ihm etwas versprechen oder befehlen. All das sind für Wittgenstein „Sprachspiele", die in eine gesellschaftliche „Lebensform" eingebettet sind. Die interesselose Darstellung der Wirklichkeit ist ein seltener Sonderfall, nicht der Standardfall der Rede. Entsprechend ist sprachliche Bedeutung keine Sache der Abbildung von Welt, sondern stabilisiert sich in den Sprachspielen, d.h. den sozialen Praktiken des Sprachgebrauchs. Ein Wort verstehen heißt wissen, wie es in bestimmten Sprachspielen gebraucht werden kann. Versiertheit im Gebrauch, nicht die Kenntnis abstrakter logischer und grammatischer Regeln, macht eigentliches Sprach- und Weltverstehen aus.[17]

Wittgenstein verdeutlicht die zentrale Stellung etablierter sozialer Praktiken mit seinem berühmten Paradox des Regelfolgens. Die Ausgangsfrage lautet folgendermaßen: Wie können wir uns eigentlich sicher sein, dass wir einer Regel korrekt folgen und nicht nur glauben, ihr zu folgen? Denken wir, als simples Beispiel, an die in öffentlichen Verkehrsmitteln durchgesagte Verhaltensregel ‚Überlassen Sie Ihren Sitzplatz gebrechlichen Fahrgästen'. Man könnte glauben, dass diese Regel erst interpretiert werden muss: Um der Regel korrekt zu folgen, bräuchten wir demnach Erklärungen darüber, wer als gebrechlich gilt, wo die Grenzen zu ziehen sind und wie das Gewicht dieser Regel gegen andere, konfligierende Regeln abzuwägen ist – etwa gegen die Höflichkeitsregel, nach der wir uns nicht anmerken lassen sollten, dass wir den anderen Fahrgast für gebrechlich halten. Das führt in einen unendlichen Regress: Wir bräuchten dann eine Meta-Regel, die uns anleitet, die Regel zu interpretieren (‚Als gebrechlich gilt, wer mindestens drei der medizinisch anerkannten Kriterien für Gebrechlichkeit erfüllt'), und eine Meta-Meta-Regel, um wiederum diese Meta-Regel zu interpretieren (,Ein Gebrechlichkeitskriterium ist als erfüllt anzusehen, wenn…') und so weiter *ad infinitum.*[18]

Wittgenstein löst das Paradox mit dem Argument auf, dass schon der Glaube, Regeln müssten interpretiert werden, in die Irre führt. Anstatt Regeln im luftleeren Raum zu deuten, ist ihre Bedeutung de facto durch die etablierte soziale Praxis stabilisiert. Wir haben gelernt bzw. wurden dazu „abgerichtet", wie Regeln zu verstehen sind, und haben damit im Allgemeinen keine Schwierigkeiten. Wenn doch einmal ein Missverständnis aufkommt, können wir nachfragen bzw. Präzisierungen vornehmen. Um auf unser Beispiel zurückzukommen: Die Regel ‚Überlassen Sie ihren Sitzplatz…' bewährt sich; ihr Präzisionsgrad ist ausreichend für die soziale Praxis, die sie regeln soll. Kurz, auf einer einsamen Insel könnten wir nie wissen, ob wir einer Regel folgen oder nur glauben, ihr zu folgen; aber als Mitglieder einer Sprachgemeinschaft wissen wir genau, wann wir die Regel wirklich befolgen bzw. werden allenfalls von anderen zurechtgewiesen, wenn wir uns irren.

Das Eingebettetsein in eine kontingente gesellschaftliche Lebensform, mit ihren institutionellen Setzungen und Praktiken, gibt unserem Handeln Orientierung. Werden wir gefragt, warum wir eine Handlung so oder so ausführen, dann werden wir im Normalfall bereitwillig unsere Gründe darlegen. Bleibt unsere Gesprächspartner:in aber stur – man denke an Kinder in der gefürchteten ‚Warum-Phase' –, dann stoßen wir eher früher als später darauf, dass wir einfach einer sozialen Gepflogenheit folgen. Wen man hartnäckig genug nach Begründungen fragt, dem werden, so Wittgenstein, „die Gründe […] bald ausgehen" und er wird „dann, ohne Gründe, handeln" (Wittgenstein 1953, 211). Dabei bereitet das Fehlen der Gründe keine praktischen Probleme, denn die Vertrautheit mit den Gepflogenheiten ist eine verlässlichere Richtschnur als jede vermeintlich ‚absolute Begründung', die wir uns als Fundament unserer Handlungen zusammenphilosophieren könnten:

> Habe ich die Begründungen erschöpft, so bin ich nun auf dem harten Felsen angelangt, und mein Spaten biegt sich zurück. Ich bin dann geneigt, zu sagen: „So handle ich eben." (Erinnere dich, daß wir manchmal Erklärungen fordern nicht ihres Inhalts wegen, sondern der Form der Erklärung wegen. Unsere Forderung ist eine architektonische; die Erklärung eine Art Scheingesims, das nichts trägt.) (Wittgenstein 1953, 217)

Philosophische Letztbegründungen sind für Wittgenstein nichts als derartige Scheingesimse. Sie haben vielleicht einen gewissen ästhetischen Wert, täuschen aber zugleich darüber hinweg, dass sie keinerlei tragende oder fundierende Funktion ausüben. So verfolgte etwa Descartes das Ziel, mit seinen *Meditationes* (1641) eine absolute Begründung der Wissenschaften zu liefern, aber wie Edmund Husserl bemerkt, haben sich die „positiven Wissenschaften, die doch durch diese Meditationen eine absolut rationale Begründung erfahren sollten, [...] um sie [...] wenig gekümmert" (Husserl 1929, 5). Daran zeigt sich, dass die Möglichkeit, immer weiter nach Begründungen zu fragen, nicht bedeutet, dass es stets (oder auch nur oft) sinnvoll bzw. angemessen ist, weitere Gründe zu fordern. Das Letztbegründungsideal übersieht, dass wir die konkrete Rolle, die Begründungen in unserer sozialen Praxis spielen, nicht beliebig überdehnen können, ohne dass das Sprachspiel des Begründens seinen praktischen Sinn und jede echte Relevanz verliert.

**Der Sprachphilosoph John L. Austin (1911–1960) entwickelt den für die Geistes- und Sozialwissenschaften bis heute prägenden Begriff des Performativen.** Austin folgt Wittgenstein in vielem; kritisch sieht er aber dessen Rede von einer Mannigfaltigkeit unterschiedlicher Sprachspiele. Auch wenn es in der Tat viele verschiedene Gebrauchsweisen der Sprache gibt, sollte uns das nach Austin nicht davon abhalten, diese zu differenzieren und zu klassifizieren. Zu diesem Zweck führt Austin in seiner *Theorie der Sprechakte* (1955) die Unterscheidung zwischen *konstativen Aussagen* und *performativen Äußerungen* ein. Konstative Aussagen beschreiben die Wirklichkeit und können wahr oder falsch sein (‚Die Katze schläft in ihrem Körbchen'). Performative Äußerungen beschreiben nichts, sondern vollziehen eine Handlung (‚Ich taufe die Katze auf den Namen Lisa'). Sie können nicht wahr oder falsch sein, sondern *glücken* oder *missglücken*. Während konstative Aussagen Wahrheitsbedingungen haben, haben performative Äußerungen „Glückensbedingungen". Dazu gehört nach Austin, dass ein gesellschaftliches Ritual existiert (ähnlich Wittgensteins Sprachspiel, z. B. die Institution der Taufe) und dass die Umstände passen sowie die Akteure berechtigt sind, die Handlung zu vollziehen. (Damit wir die Katze taufen können, muss es z. B. unsere Katze sein und nicht die unserer Nachbarin, außer sie hat uns darum gebeten usw.)

Während Konstativa vorliegende Tatsachen feststellen, bringen Performativa neue diskursive Tatsachen hervor; sie schaffen Fakten. Wir können mit ihnen Katzen und Babys taufen, Ehen schließen und scheiden, uns durch Versprechen oder Verträge gegenüber einander verpflichten, Dinge verschenken und vererben, einander warnen und loben und vieles mehr. Konstative Aussagen lassen die Welt so, wie sie ist; performative Äußerungen verändern die Welt, indem sie ihr neue Tatsachen hinzufügen. Daran zeichnet sich die große Bedeutung des Performativen für das politische Leben ab.[19] Verordnungen und Gesetze, internationale Vereinbarungen und nicht zuletzt die Gründung von Institutionen, ja ganzen politischen Gemeinwesen gehen auf performative Akte zurück. Die politische Welt ist auf Setzungen gebaut, die performativen Charakter haben. Zentral ist dabei das Moment der Autorität. Ein performativer Gesetzgebungs- oder Gründungsakt kann nur dann glücken, wenn die, die ihn vollziehen, die erforderliche Autorität haben, wie der französische Linguist Émile Benveniste im Anschluss an Austin ausführt:

> Jeder beliebige kann auf dem öffentlichen Platz ausrufen: „Ich verordne die allgemeine Mobilmachung." Da diese Aussage aufgrund der fehlenden Autorität keine Handlung sein kann, ist sie bloße Rede; sie beschränkt sich auf nichtiges Geschrei, Kinderei oder Verrücktheit. Eine performative Aussage […] existiert nur als Autoritätshandlung. Die Autoritätshandlungen werden zunächst immer Aussagen sein, die von denen gemacht werden, die das Recht haben, sie auszusagen. (Benveniste 1972, 304)

Performative Äußerungen sind also wesentlich Autoritätshandlungen bzw. können nur als Handlungen gelten, wenn sie mit der nötigen Autorität vorgebracht werden. Das ist aber nur die eine Seite der Medaille, wie der französische Philosoph Jean-François Lyotard (1984, 145) in Auseinandersetzung mit Austin argumentiert. Denn manchmal können wir eine performative Äußerung nicht deswegen tätigen, weil wir bereits im Vorhinein dazu autorisiert sind. Gerade in spannungsreichen politischen Konstellationen ist es möglich, sich eine Autorität anzumaßen, die man formal gar nicht hat, um damit eine performative Wirkung zu erzielen. In diesem Fall schaffen wir eine Tatsache nicht dadurch, dass uns die Macht dazu vorweg verliehen wurde, sondern indem wir uns diese Macht aneignen (vgl. Posselt 2005, 52). Lyotard erläutert das am Beispiel der Äußerung „Die Sitzung ist eröffnet". Im Normalfall setzt das Glücken dieser Äußerung (dass die Sitzung wirklich eröffnet wird) voraus, dass die Sprecher:in die Vorsitzende ist.

Allerdings kann es sich auch umgekehrt zutragen: Wenn eine Person, die eigentlich nicht die Vorsitzende ist, den Satz äußert und sich die Teilnehmer:innen in der Folge entsprechend verhalten, dann ist sie dadurch faktisch zur Vorsitzenden geworden, hat sich dazu ermächtigt.

Das Beispiel „Die Sitzung ist eröffnet" ist noch in einer anderen Hinsicht instruktiv. Austin unterstreicht, dass die vermeintlich klare Unterscheidung zwischen Konstativa und Performativa oft in einen Graubereich führt. Allein an der grammatischen Form eines Satzes lässt sich nicht immer erkennen, ob er konstativ oder performativ ist. (Man denke an eine Journalistin, die live von der Zusammenkunft twittert: „Die Sitzung ist eröffnet". In diesem Fall handelt es sich um eine konstative Feststellung.) Oft wird eine Tatsache gerade dadurch geschaffen, dass man sie als bestehend hinstellt. Die Äußerung der Vorsitzenden „Die Sitzung ist eröffnet" ist gerade insofern performativ, als sie das Eröffnetsein der Sitzung als Faktum deklariert. Viele Äußerungen lassen sich nicht eindeutig als konstativ oder performativ kategorisieren, sondern scheinen „in Ambiguität zu schwelgen" (Austin 1979, 321).

Diese Ambiguität ist auch für politische Gründungsakte relevant. So ist z. B. die US-amerikanische Unabhängigkeitserklärung ein Paradefall einer performativen Äußerung, die sich eine konstative, beschreibende Form gibt (→ 4.3). Das amerikanische Volk wird durch die Deklaration (performativ) als unabhängiges Volk hervorgebracht, indem es (konstativ) als bereits existierend dargestellt wird. Verständlich machen kann man sich diese Ambiguität auch am Doppelsinn des deutschen Wortes ‚erklären': Wir können zum einen ‚etwas erklären', also bestehende Sachverhalte erläutern. Zum anderen können wir etwas oder jemanden ‚zu/für etwas erklären' (z. B. eine Person zur Vorsitzenden erklären), also eine neue Sachlage herstellen.

**Der Philosoph Richard Rorty (1931–2007) legt eine pragmatistische Kritik des philosophischen Fundamentalismus vor.** Im Anschluss an Wittgenstein sowie den amerikanischen Pragmatismus (Charles Peirce, William James, John Dewey) formuliert Rorty eine umfassende Kritik philosophischer Fundierungsansprüche. In seinem Hauptwerk *Der Spiegel der Natur* (1979) argumentiert Rorty, dass das ganze Projekt einer absoluten Grundlegung von Erkenntnis, Moral und Politik auf einer missverständlichen Auffassung der Sprache als Widerspiegelung einer an sich bestehenden Realität basiert – eine Konzeption, die auch noch der frühe Wittgenstein vertritt. Folgt man der Spiegelmetapher, dann erscheint Sprache als Medium, in dem sich die

Realität reflektiert. Der Pragmatismus sieht Sprache dagegen nicht als Darstellungsmedium, sondern als Werkzeug zu verschiedensten Zwecken an. Die Sprache knüpft kein Band zwischen den Menschen und der Realität, sondern ein soziales, zwischenmenschliches Band.

Die Spiegelmetapher wirkt aus Rortys Sicht nur so lange plausibel, wie wir Sprache auf der Ebene konstativer Sätze betrachten. Sobald wir die Ebene wechseln und anstatt einzelner Aussagen Sprachspiele betrachten, die in Lebensformen eingebettet sind, wird deutlich, dass kein notwendiges, in der natürlichen Ordnung der Dinge gegründetes Entsprechungsverhältnis zwischen der Wirklichkeit und unserer sprachlichen Praxis besteht. Vielmehr zeigt sich ein breit gefächertes Tableau sprachlicher Praktiken, die nicht nur unterschiedlichen Zielen dienen, sondern auch einen historischen Index haben. Bestimmte Sprachspiele bzw., so Rortys Terminus, „Vokabulare" entstehen und können auch wieder vergehen, wenn wir für sie keine Verwendung mehr haben oder attraktivere Vokabulare erfunden werden. So gesehen hat bspw. Freud mit der Erfindung der Psychoanalyse nicht die letztgültige Wahrheit über das menschliche Seelenleben ausgesprochen, sondern ein extrem anziehendes Sprachspiel/Vokabular eingeführt, mit dem eine ganze Epoche ihr Selbstverständnis in (neue) Worte fassen konnte. Daher sind „alternative Vokabulare mehr wie alternative Werkzeuge als wie Teile eines Puzzles" (Rorty 1989, 34) zu begreifen. Dass wir der Wiese heute mit dem Rasenmäher statt mit der Sense zu Leibe rücken, heißt nicht, dass der Rasenmäher der botanischen Wirklichkeit besser entspricht; er erscheint uns nur für diese Tätigkeit zweckdienlicher. Genauso kommt die Psychoanalyse unserer psychischen Wirklichkeit nicht unbedingt näher als die frühere Psychologie, aber sie stellt uns andere Werkzeuge zur Verfügung, um unser Seelenleben zu beackern. Rortys Auffassung nach sind „wissenschaftliche Revolutionen", wie etwa die Umstellung der Psychologie auf Psychoanalyse oder auch die Ablösung von Newtons durch Einsteins Physik, „‚metaphorische Neubeschreibungen' der Natur […], nicht Einsichten in die immanente Natur der Natur" (Rorty 1989, 42).

Aus dieser Sicht sind alle Sprachspiele und Vokabulare historisch und sozial kontingent. Rorty veranschlagt eine unaufhebbare „Kontingenz der Sprache", mit der eine „Kontingenz des Selbst" und eine „Kontingenz des Gemeinwesens" einhergeht (Rorty 1989, Kap. 1–3). Unumstößliche Grundlagen zu etablieren ist für Rorty „nichts als Apologetik", d.h. „der Versuch, bestimmte zeitgenössische Sprachspiele,

Sozialpraktiken oder Selbstauffassungen zu verewigen" (Rorty 1979, 20). Wir müssen uns nach Rorty von der Vorstellung lösen, dass uns Begründungen über die soziale Praxis hinausführen. Das philosophische „Bedürfnis, zu einer *arché* jenseits aller Diskurse auszubrechen, [gründet] sich auf das Bedürfnis [...], in unseren sozialen Rechtfertigungspraktiken mehr zu sehen als einfach nur solche Praktiken" (Rorty 1979, 422). Das ist gerade die inflationierende Haltung, die der Pragmatismus als problematisch ansieht. Kurz gesagt: Es *gibt* Gründe nur insoweit, als wir Gründe *geben*. Wir können gute und schlechte Argumente, überzeugende und weniger überzeugende Gründe liefern, aber es gibt kein letztes Fundament, das unsere soziale Rechtfertigungspraxis nochmals von außen beglaubigt.

Das Beharren, dass Rechtfertigung und Begründung soziale Praktiken sind anstatt privilegierter Schleusen, um mit der Wirklichkeit in Kontakt zu treten, hat Rorty den Vorwurf des Relativismus eingebracht: den Vorwurf, Wahrheit auf bloße Meinung oder einen im schlechten Sinne rhetorischen Machtkampf zu reduzieren. Rorty pariert diesen Angriff, indem er ihn gegen die Fundamentalist:innen/Absolutist:innen zurückwendet, die ihn vorbringen: Aus dem Begründungsspiel aussteigen möchte nicht die Pragmatistin, die akzeptiert, dass wir unaufhörlich und stets aufs Neue streiten, begründen und argumentieren müssen, sondern die Fundamentalistin, die sich nach einem letzten Grund sehnt, der alle Diskussion und Argumentation beendet. Mehr noch, wer einen letzten Grund will, will eigentlich, so Rorty, gar keinen *Grund* – den man immerhin noch in Frage stellen könnte oder zumindest als Grund akzeptieren müsste –, sondern eine *Ursache*, die kraft ihres immanenten Zwangs keinerlei Zweifel oder Alternativen offenlässt:

> [Denkt man Wissen] als eine privilegierte Relation zu den [...] Gegenständen [...], so wird man hinter die Gründe und zu den Ursachen vorzudringen wünschen, hinter die Argumente zu der Nötigung, die vom erkannten Gegenstand ausgeht, zu einer Situation, in der das Begründen nicht bloß töricht, sondern unmöglich wäre, da jeder, der sich auf die erforderliche Weise in der Gewalt des Gegenstandes befände, *außerstande* wäre, zu zweifeln oder eine Alternative vorzubringen. Hätte man diesen Punkt erreicht, so wäre man „am Fundament der Erkenntnis" angekommen. (Rorty 1979, 178)

Der Fundamentalismus erscheint sozusagen als eine Art masochistischer Erotik; als das „Bedürfnis, erfaßt, gepackt, genötigt zu werden" (Rorty 1979, 179) von einer Ursache, die uns ganz in ihrer Gewalt hat. Ein Rationalismus, der im Namen von Freiheit und Autonomie streng zwischen Gründen und Ursachen unterscheidet, ist für Rorty insgeheim selbst von dem heteronomen Wunsch getrieben, etwas zu finden, zu dem wir uns nicht so oder anders verhalten können; einen Grund, der so stark ist, wie es nur eine Ursache sein kann.

Obwohl Rorty die ausdrucksorientierte Sprachauffassung der Romantik zurückweist, schließt er sich vor diesem Hintergrund der Privilegierung des Kreativ-Schöpferischen (Schillers „Anmut") gegenüber dem Rational-Beherrschten (Schillers „Würde") an. Worauf es ihm ankommt, ist nicht so sehr die „Suche nach Begründungen", sondern der schöpferische „Versuch einer Neubeschreibung" (Rorty 1989, 85). Exemplarisch ist dabei weniger die Forscherin, die auf harte Fakten stößt, sondern die Dichterin, die eine neue, unerhörte Metapher erfindet und uns damit eine andere Sicht auf die Welt und auf uns selbst eröffnet. Rorty macht sich Schillers Überzeugung zu eigen, dass „Phantasie, nicht Vernunft, das zentrale menschliche Vermögen sei" und dass „die Begabung, anders zu sprechen, […] das Hauptinstrument kulturellen Wandels ist" (Rorty 1989, 28). Soziale und politische Veränderungen kommen nicht durch rationale Einsicht, sondern durch die Anziehungskraft einer „Neubeschreibung", eines Ensembles neuartiger metaphorischer Bilder zustande. Einen Neubeginn stiftet man aus Rortys Sicht nicht mit strengen Begriffen, sondern mit spielerischen Metaphern. Anstatt sich nur darum zu „kümmern, ob das, was man glaubt, gut fundiert ist", sollte man sich fragen, so Rorty, „ob man genügend Phantasie aufgebracht hat, um sich interessante Alternativen zu den gegenwärtigen Überzeugungen auszudenken" (Rorty 1994, 25).

Politisch ergreift Rorty davon ausgehend für den Liberalismus Partei. Der Liberalismus zeichnet sich seines Erachtens dadurch aus, dass er den Mangel letzter Fundamente positiv affirmiert. Insofern wäre es auch verfehlt, den Liberalismus letztbegründen zu wollen: „[E]ine liberale Kultur [braucht] eine verbesserte Selbstbeschreibung […], nicht ein Sortiment von Grundlagen." (Rorty 1989, 96) Dabei versteht Rorty den Liberalismus nicht als ein System, in dem alle ihren privaten Interessen nachgehen, sondern als ein Regime, das allen die Möglichkeit gibt, schöpferische Neubeschreibungen zu erfinden. Rortys Liberalismus ermöglicht sozusagen allen, zur Dichterin zu werden.

Wer ein neues Vokabular durchsetzen möchte, braucht dazu unter liberalen Bedingungen keine revolutionäre Gewalt. Damit löst der Liberalismus, so Rorty, den Unterschied zwischen Reform und Revolution auf, indem er eine Spielfläche bereitstellt, auf der ein Streit um die bessere Selbstdeutung und das anziehendere Vokabular mit Worten anstatt mit physischer Gewalt ausgetragen werden kann.

**Für den Postfundamentalismus ist Rorty ein wichtiger Stichwortgeber.**[20] Sein Argument, dass gerade der Fundamentalismus mit dem Begründen Schluss machen möchte, lässt sich als produktive Selbstbeschreibung des Postfundamentalismus reformulieren. Offensiv gesprochen: *Nur* eine postfundamentalistische Konzeption ist in der Lage, der sozialen und politischen Realität des Begründens adäquat Rechnung zu tragen. Während ein *Anything goes*-Antifundamentalismus sich um Begründungen überhaupt nicht kümmert, will ein rationalistischer Fundamentalismus ‚ein für alle Mal' begründen, um dann mit Begründungsfragen und Kritik nicht weiter behelligt zu werden. Nach Rorty trifft das sogar auf Habermas zu, insofern dessen Idee einer „kommunikativen Vernunft" letztlich als „heilende[] und einende[] Macht" fungiert, „die das Werk übernimmt, das einst Gott getan hat" (Rorty 1989, 122). Der Postfundamentalismus entkommt beiden Alternativen. Anders als der Antifundamentalismus erkennt er die Notwendigkeit von Begründungen an; anders als der Fundamentalismus affirmiert er die Endlosigkeit des Begründens und unterstreicht, dass das Begründen eine soziale Praxis ist, die mit Momenten der Macht, des Begehrens und der Autorität verflochten ist und nicht auf eine formale Logik oder Argumentationstheorie reduziert werden kann.

Allerdings gehen postfundamentalistische Ansätze auch über Rortys Theorierahmen hinaus. Insbesondere teilen sie nicht Rortys Hoffnung, dass sich das fundamentalistische Vokabular der Philosophie mit einem poetisch-metaphorischen Geniestreich zerstören und durch ein unschuldiges, neues Sprachspiel ersetzen lässt. Rortys Vertrauen auf die schöpferische Kraft neuer Metaphern, die über die hergebrachten Begriffe triumphieren und mit dem Grundlegungsfetisch brechen, erscheint allzu naiv. Berufungen aufs Absolute lassen sich nicht, und zwar genau so wenig wie Macht- und Herrschaftsverhältnisse, aus der Welt herausdichten. „Anders sprechen" heißt nicht machtfrei sprechen. Rorty kehrt so gesehen das Begehren des Absoluten nur um: Gegen den Fundamentalismus, der einen *absoluten* Grund will, hofft Rorty auf eine *absolute* Säkularisierung und Entgötterung der Welt.

Damit kommt Rorty einem Antifundamentalismus und einer entpolitisierten Weltsicht nahe, in der individuelle Schöpfungsakte in der Lage sind, ungeachtet tatsächlicher gesellschaftlicher Verhältnisse etwas absolut Neues hervorzubringen. Aus postfundamentalistischer Sicht ist ein reiner Bruch ausgeschlossen, durch den wir das Imaginäre absoluter Grundlagen und erster Prinzipien einfach fallenlassen könnten. Schon die Phantasie eines Ausbruchs aus diesem Imaginären lässt sich nur artikulieren, wenn man es selbst erneut in Anspruch nimmt. Wenn eine Destruktion dieses Imaginären nicht in Frage kommt, dann müssen wir einen anderen Umgang damit finden. Jacques Derrida, einer der wichtigsten Vordenker des Postfundamentalismus (→ 4.3), spricht daher von einer „Dekonstruktion der metaphysischen und rhetorischen Schemata [...] – nicht um sie zurückzuweisen und sie zum alten Eisen zu werfen, sondern um sie auf andere Art wiedereinzuschreiben" (Derrida 1971, 236). Demnach sind Gesten der Grundlegung zwar unmöglich, wie Rorty zeigt, aber zugleich sind sie notwendig bzw. unvermeidlich. Wir können nicht nicht grundlegen, also müssen wir stets anders grundlegen. Im Hinblick auf das Politische heißt das zudem, dass Menschen weiterhin Politik machen werden, indem sie sich auf unumstößliche Prinzipien wie Wahrheit oder Gerechtigkeit sowie auf die Abbildungskraft konstativer Rede berufen. Wer Ontologie und Grundlegung hinter sich lassen möchte, wird nicht lange warten müssen, bis das Verdrängte wiederkehrt.

*tl;dr*

Pragmatistische Ansätze problematisieren das metaphysische Begehren, zu ersten Prinzipien und Grundlagen vorzudringen, die von unserer konkreten sprachlichen, sozialen und politischen Praxis losgelöst sind. Es gibt aus pragmatistischer Sicht keine absoluten Grundlagen der Gewissheit. Vielmehr sind Rechtfertigen und Begründen soziale Praktiken, die auf spezifische, historisch wandelbare und mithin kontingente Sprachspiele bzw. Vokabulare zurückgreifen müssen. Damit unterstreicht der Pragmatismus den Handlungscharakter der Sprache und den Setzungscharakter sozialer Institutionen.

# 3 Pluralisierungen des Begründens

*Dieses Kapitel widmet sich feministischen, postkolonialen und polit-ökologischen Ansätzen, die rationalistische Begründungsdiskurse auf ihre Ausschlüsse und Verwerfungen befragen. Ziel dieser Theorien ist, den Universalitätsanspruch klassischer Ideen der Begründung bzw. Fundierung in seiner Machtförmigkeit sichtbar zu machen. Demnach reduziert die Vorstellung einer einheitlichen, universellen Vernunft die Vielheit ihrer Stimmen. Diese vermeintliche Einheit lässt sich aus feministischer Sicht als phallozentrisch (Carol Gilligan, Luce Irigaray, Donna Haraway) (3.1), aus postkolonialer Sicht als eurozentrisch (Chandra Talpade Mohanty, Gayatri Chakravorty Spivak, Homi K. Bhabha) (3.2) und aus polit-ökologischer Sicht als anthropozentrisch (Bruno Latour, Jane Bennett) (3.3) ausweisen, um anderen, verdrängten Rationalitäten und Stimmen zum Ausdruck zu verhelfen: weiblichen Stimmen, außereuropäischen Stimmen und den Stimmen nicht-menschlicher Existenzen.*

## 3.1 Feminismus: Begründung und Beziehung

Feministische Theorien fragen nach den Potenzialen der Kritik, der Subversion und des Widerstands gegen vergeschlechtlichte Machtverhältnisse. Bei allen Differenzen teilen sie die Überzeugung, dass männliche bzw. heteronormative Herrschaft ein eigenständiges Machtverhältnis darstellt, das nicht auf andere (etwa ökonomische) Hierarchien zu reduzieren ist. Während klassische marxistische Theorien davon ausgehen, dass patriarchale Unterdrückung einen „Nebenwiderspruch" darstellt, der sich im Zuge der sozialen Revolution gewissermaßen von selbst auflösen wird, insistieren feministische Theorien auf der Notwendigkeit, den Kampf gegen männliche Herrschaft als eigenständigen emanzipatorischen Kampf zu führen. Dabei zeigt die feministische Theoriearbeit, dass männliche Herrschaft sich nicht nur in ungleichen Machtverhältnissen oder stereotypen Rollenmustern ausdrückt, sondern alle Regime epistemischer, ethischer und politischer Subjektivierung durchzieht. Vergeschlechtlichte Unterdrückung wirkt in unsere Sprache, unser Selbstverhältnis und nicht zuletzt in unsere grundsätzlichen Ideen von Rationalität und Rechtfertigung hinein.

**Die Psychologin Carol Gilligan (*1936) kritisiert klassische Moralbegründungen als androzentrisch und setzt ihnen eine weibliche Ethik der Fürsorge entgegen.** Mit ihrem Werk *Die andere Stimme* (1982) hat Gilligan eine feministische Reorientierung der Ethik und der politischen Theorie angestoßen. Im Fokus ihrer Kritik steht das kantische Autonomieideal, das von ihrem Lehrer Lawrence Kohlberg in ein Modell menschlicher Moralentwicklung übersetzt wurde. Gilligan stellt der maskulinen Orientierung an Autonomie und Gerechtigkeit die Fürsorge in zwischenmenschlichen Beziehungen entgegen.

Kohlberg zufolge entwickelt sich das menschliche Moralbewusstseins in drei wesentlichen Stufen. Zunächst orientieren sich Kinder an Lustgewinn und Schmerzvermeidung. Gründe spielen hier noch keine Rolle; das Feedback der Umwelt ist eine Ursache, mit der man sich arrangiert. Spezifisch moralisches Verhalten beginnt nach Kohlberg, sobald Kinder sich an soziale Normen und Gepflogenheiten halten. Sie handeln nun, wie ‚man' handelt und lernen, mit etablierten Begründungsmustern umzugehen. Nach Kohlberg verbleiben viele Menschen auf dieser Stufe. Ein reifes Moralbewusstsein liegt seines Erachtens jedoch erst vor, wenn die konventionale Ebene überschritten wird und man sich nicht mehr unhinterfragt an sozialen Vorgaben, sondern an durchdachten, autonomen Begründungen orientiert.

In Kohlbergs Studien schnitten Mädchen bzw. weiblich gelesene Kinder systematisch schlechter ab als Jungen bzw. männlich gelesene Kinder vergleichbaren Alters, woraus Kohlberg schlussfolgerte, dass Frauen über ein unterentwickeltes Moralbewusstsein verfügen. Gilligan argumentiert dagegen, dass diese Befunde im Gegenteil durch eine ganz andere Teleologie ‚weiblicher' Moral zu erklären sind. Das Modell, das Gilligan Kohlberg entgegensetzt, weist im Groben ebenfalls drei Stufen auf. Auf der untersten Stufe ändert sich nichts: Auch Mädchen, so Gilligan, orientieren sich zunächst an Lustgewinn bzw. Schmerzvermeidung. Aber bereits auf der mittleren Stufe zeichnen sich große Unterschiede ab. Während Jungen sich an soziale Normen halten, fragen Mädchen danach, was andere brauchen. Die Sorge in und um

Beziehungen, nicht die allgemeine Norm, wird ihnen zur Richtschnur. Analog zu Kohlberg geht Gilligan davon aus, dass die meisten Frauen auf dieser mittleren Ebene stehen bleiben. Die höchste Stufe weiblicher Moralentwicklung besteht für Gilligan in der Erkenntnis, dass auch man selbst etwas zählt und Zuwendung verdient. Während das Ziel der Moralentwicklung für Kohlberg in rationaler Selbständigkeit liegt, besteht es in der weiblichen Moralentwicklung nach Gilligan darin, sich selbst als (gleichberechtigten) Part eines Beziehungsgeflechts wechselseitiger Angewiesenheit wahrzunehmen.

Diese Differenzen lassen sich nach Gilligan empirisch ausweisen, indem man Mädchen und Jungen bittet, moralische Probleme zu lösen. Ein Szenario, mit dem Kohlberg und Gilligan ihre Proband:innen konfrontierten, handelt von dem armen Mann Heinz, der seine erkrankte Frau nur vor dem Sterben retten kann, wenn er dem Apotheker ein überteuertes Medikament stiehlt. Wie Gilligan aufzeigt, unterscheiden sich die Begründungen markant. Während die männlichen Probanden Rechteabwägungen und Kalkulationen anstellen (das Stehlen ist gerechtfertigt, da das Recht auf Leben mehr Gewicht hat als das Recht auf Eigentum), loten weibliche Probandinnen die Möglichkeiten des Beziehungsgeflechts aus, die in dem Szenario angelegt sind:

> So wie Jake zuversichtlich ist, daß der Richter zustimmen werde, der Diebstahl sei für Heinz die richtige Handlungsweise gewesen, so ist Amy überzeugt, daß „Heinz und der Apotheker eine andere Lösung außer dem Diebstahl finden könnten, wenn sie lang genug über die Sache reden würden." Während er meint, das Gesetz sei „fehlerhaft", betrachtet sie den ganzen Konflikt als falsch, da sie überzeugt ist, [...] man [sollte] „die Dinge mehr miteinander teilen, dann brauchten die Leute nicht zu stehlen." [...] So wie er sich auf die Konventionen der Logik stützt, [...] [geht] sie von Bindungen aus[] und [...] glaubt, daß ihre Stimme gehört werden wird. (Gilligan 1982, 42)

Amys Stimme ist hier die titelgebende *andere Stimme*. Während Jake seine Begründung als Berechnung artikuliert, drückt Amy ihre Begründung qua Beziehung aus. Sie sieht das Problem nicht als Gerechtigkeits-, sondern als Beziehungsproblem, das durch sorgsame kommunikative Zuwendung zu bewältigen ist. Amys vermeintliche Begriffsstutzigkeit verweist nach Gilligan nicht auf moralische Orientierungslosigkeit und ein Fehlen guter Gründe, sondern ist ein Beleg dafür, dass sich Amy an einem anderen Bezugssystem orientiert – eben an der Sorge, nicht der Gerechtigkeit.

Amys einziger Fehler liegt nach Gilligan darin, dass sie glaubt, ihre Stimme und Begründung werde Gehör finden. Die Stimme der rechnenden Gerechtigkeit ist hegemonial und kann auf hoch ausdifferenzierte ökonomische, juridische und logische Vokabulare zurückgreifen. Dagegen wird die Stimme der Fürsorge nur als Symptom des Unvermögens registriert, das Problem zu lösen; für Kohlberg „scheint [Amys] moralisches Urteil [...] eine Unfähigkeit [zu verraten], systematisch über Moral- oder Rechtsbegriffe nachzudenken" (Gilligan 1982, 43). Eine feministische Ethik muss daher nach Gilligan die Sprache der Beziehung erst *als* Sprache eigenen Rechts zur Geltung bringen und ein Vokabular entwickeln, in dem die Begründung-qua-Beziehung neben der Begründung-qua-Berechnung Raum bekommt. Die Gerechtigkeitsrationalität verdrängt die ‚andere' Rationalität relationaler Sorge. Während sich die Gerechtigkeitslogik als universal darstellt, verdankt sich ihre Hegemonie nach Gilligan der gewaltsamen Verdrängung jener „anderen Stimme", die sich weigert, Begründungsfragen als Berechnungsfragen zu behandeln.

Gilligans differenzfeministischer Ansatz wurde aufgrund seiner naturalisierenden Tendenzen kritisiert. Die Vorstellung einer ‚weiblichen' Ethik der Fürsorge übersieht, dass Fürsorglichkeit selbst eine patriarchale Rollenerwartung ist, der Frauen nachkommen müssen. Gilligans Regionalisierung der Gerechtigkeitslogik hingegen wurde produktiv aufgenommen und weiterentwickelt. Sorge/*care* stellt eine Herausforderung für den Fundierungsanspruch der Gerechtigkeit dar. Axel Honneth bezeichnet Fürsorge im Anschluss an Gilligan als das „Andere der Gerechtigkeit" (Honneth 2000), das den partikularen Kern vermeintlich universaler Gerechtigkeitsideen offenlegt. Die Politikwissenschaftlerin Joan Tronto entwickelt daran anknüpfend den Begriff einer *Caring Democracy*, um die Demokratietheorie von der Koppelung ans Ökonomische und Juridische zu lösen und im Vokabular der Sorge Ressourcen zur Vertiefung demokratischer Verhältnisse zu erschließen.

> Eine wahrhaft freie Gesellschaft macht Menschen frei, zu sorgen. Eine wahrhaft gleiche Gesellschaft gibt den Menschen gleiche Chancen [...], sich in Sorgebeziehungen zu engagieren. Eine wahrhaft gerechte Gesellschaft bezieht sich nicht auf den Markt, um gegenwärtige und vergangene Ungerechtigkeiten zu verschleiern. Der Zweck ökonomischen Lebens besteht darin, Sorge zu unterstützen. (Tronto 2013, 179)

*Care* liefert damit einen begrifflichen Rahmen, um demokratietheoretische Konzepte wie Gerechtigkeit, Autonomie und Selbständigkeit im Zusammenspiel mit Beziehungen und Interdependenzen zu verstehen. Das bedeutet nicht, den Gerechtigkeitsfundamentalismus durch einen Fürsorgefundamentalismus zu ersetzen. Vielmehr müssen aus *care*-theoretischer Sicht soziale Verhältnisse von der Spannung zwischen Gerechtigkeit und Fürsorge her begriffen werden.

**Die feministische Literaturwissenschaftlerin und Psychoanalytikerin Luce Irigaray (*1930) formuliert eine Kritik „phallokratischer" Rationalität.** Irigaray ist neben Hélène Cixous und Julia Kristeva eine der Hauptvertreter:innen der *écriture féminine*. Diese Traditionslinie teilt Gilligans Befund, dass jede nicht-männliche, andere Stimme aus der hegemonialen phallozentrischen Ordnung verdrängt ist. Gegenüber dem Männlichen als Standardfall ist das Weibliche als das Andere markiert. Nach Irigaray sieht diese hegemoniale Bedeutungsordnung letztlich nicht zwei Geschlechter vor, sondern nur eines: die männliche Norm, der gegenüber das Weibliche sekundär und abgeleitet erscheint. Das eigentlich Menschliche – Geist, Vernunft, Sprache – ist das Männliche. Das Weibliche repräsentiert innerhalb der „Phallokratie" das Natürliche, Leibliche und Materielle. Dabei steht das Weibliche in der männlichen Bedeutungsökonomie, wie Irigaray geltend macht, für das materielle, natürliche *Fundament*, in dem das Menschliche (Männliche) verankert ist, um sich im Leben zu behaupten: „[D]er Mann [...] muss am Gebäude seines Ich arbeiten. [...] Damit dieses Ich aber einen Wert haben kann, muss ein Spiegel ihm seine Bedeutung garantieren und versichern. Die Frau fundiert diese spiegelbildliche Verdoppelung, indem sie dem Mann ‚sein' Bild zurückwirft." (Irigaray 1974, 62 f.) Insofern fungiert die Frau, so Irigaray (1974, 458), „als stummes Außen, das jede Systematizität stützt, sowie als [...] mütterlicher Boden, von dem sich jedes Fundament nährt".

Das Weibliche liefert nach Irigaray in der phallozentrischen Ordnung den leiblichen Boden, der dem männlichen Geist einen materiellen Ankerpunkt verschafft. In Anlehnung an das Lacan zugeschriebene Diktum „Der Mann hat den Phallus, die Frau ist der Phallus" könnte man sagen: Der Mann hat das Fundament, die Frau ist das Fundament. Problematisch ist daher nicht erst die rigide binäre Geschlechteropposition, sondern dass die Geschlechterdifferenz nicht einmal *als* Differenz, d. h. als Polarität auf gleicher Ebene, sondern nur als Hierarchie aufscheint. Die Sprache, in der Differenzen und Polaritäten markiert werden, ist nach Irigaray bereits männliches Terrain. Irigaray vertritt daher die Auffassung, dass das Weibliche innerhalb der phallozentrischen Ordnung nicht repräsentiert werden kann. Die Frau hat keine (eigene) Stimme, sondern wird auf eine abgeleitete, verzerrte Spiegelfunktion des Männlichen reduziert. Die Verdrängung des Weiblichen führt nach Irigaray dazu, dass die Frau außerhalb der Ordnung steht. Sie ist von Beginn an als Andere, als stummer Grund an der Peripherie der Ordnung markiert und hat nur begrenzte, aber wirksame Spielräume, um mit der Ordnung zu brechen (vgl. Prager/Seitz 2017). Das Weibliche ist demnach das Ab-Gründige par excellence: Es steht außerhalb der Ordnung der Gründe und fungiert zugleich als Fundament, das diese Ordnung stabilisiert.

In der Rezeption von Irigarays Arbeiten gehen einige Kommentator:innen davon aus, dass der Versuch, das Weibliche aus der Verwerfung des Unsagbaren zu befreien, einem neuen Essentialismus gleichkommt, während andere argumentieren, dass die Sorge um Alterität und Differenz angesichts einer hegemonialen „Phallokratie" auch für aktuelle Politiken der Transgeschlechtlichkeit fruchtbar gemacht werden kann (vgl. Poe 2011). Darüber hinaus wurde ins Treffen geführt, dass Irigarays Idee einer geradezu allmächtigen „phallokratischen" Herrschaft jedem tatsächlich politischen Widerstand den Wind aus den Segeln nimmt; wie Judith Butler argumentiert, läuft die ontologische Überhöhung männlicher Herrschaft Gefahr, einen „epistemologischen Imperialismus" (Butler 1991, 33) zu vertreten, der die sozialen und kulturellen Bedingungen vergeschlechtlichter Herrschaftsverhältnisse ignoriert. Daher braucht es eine kritische Perspektive, die die „Intersektionalität" (Crenshaw 1989), d.h. die komplexe Verwobenheit unterschiedlicher (ökonomischer, sexueller, rassifizierter, ökologischer) Herrschaftsverhältnisse berücksichtigt, wie wir in der Folge in Auseinandersetzung mit postkolonialen Theorien sehen werden (→ 3.2).

**Die Wissenschaftstheoretikerin Donna Haraway (*1944) entwirft eine feministische Epistemologie, die die ethisch-politische „Situiertheit" aller Wissensansprüche ins Zentrum stellt.** Haraway argumentiert, dass die feministische Kritik am Androzentrismus des westlichen Vernunft-, Wissens- und Moralregimes nicht dazu führen darf, Ansprüche auf Objektivität und verlässliches Wissen aufzugeben. Ausgehend von dem Befund, dass das Epistemische und Rationale mit Formen männlicher Herrschaft verknüpft ist, entwickelt Haraway eine feministische Idee von Objektivität. Wenn der Universalitätsanspruch einer

Vernunft, die über alle Perspektiven, Verortungen und Beziehungen erhaben ist, als männlicher Herrschaftsanspruch dechiffriert werden kann, dann ist das, was üblicherweise als Objektivität bezeichnet wird, in Wahrheit die Verabsolutierung einer partialen Perspektive. Der Anspruch auf beobachter:innenunabhängiges Wissen verschleiert die eigene Perspektivität sowie die leibliche und materielle Situiertheit, die jedes Wissen voraussetzt. Haraway bezeichnet das als den „göttlichen Trick (*god-trick*)" (Haraway 1988, 81) einer maskulinistischen Wissensproduktion, die Neutralität behauptet, um sich gegen Kritik und Infragestellung zu immunisieren.

Aus feministischer Sicht ist Wissen dagegen, so Haraways Begriffsvorschlag, stets „situiertes Wissen". Ein ‚absolutes' Wissen gibt es nicht, da jede Erkenntnis Beziehungen und Positionierungen voraussetzt. Diese Sichtweise läuft nicht auf einen Relativismus heraus, sondern macht transparent, was der göttliche Trick verschleiert. Wissen ist *immer* situiertes Wissen, und eine Rhetorik der Wissenschaft, die diese Situiertheit ausblendet, ist ein ideologischer Versuch, die Perspektivität bestimmter Zugangsweisen auszublenden. Die eigene epistemische Situiertheit in Rechnung zu stellen ist keine Abkehr vom wissenschaftlichen Objektivitätsideal, sondern eine Sache epistemischer Redlichkeit, um die ethisch-politischen Momente der Sorge und Verantwortlichkeit anzuerkennen, die in jeder Behauptung von Objektivität im Spiel sind.

Dabei ist ein Relativismus, der die Verortung von Wissensansprüchen zum Anlass nimmt, um sich aus dem Streit um die „bessere Darstellung der Welt" zurückzuziehen, für Haraway nur die Kehrseite eines unkritischen Rationalismus und Objektivismus. Als Negativfolie der Objektivitätsideologie setzt der Relativismus selbst einen „göttlichen Trick" voraus. Während die Ideologie nicht-situierter Objektivität eine Sicht von Nirgendwo veranschlagt, behauptet der Relativismus eine „gleiche Gültigkeit" konkurrierender Wissensansprüche, wobei diese Gleichwertigkeitsthese ihrerseits einen nicht-involvierten Standpunkt voraussetzt und die eigene Situiertheit verdrängt. „Situiertes Wissen" ist ein Versuch, der realen Wirksamkeit und Relevanz von Wissensansprüchen Rechnung zu tragen und sie weder absolutistisch-objektivistisch noch relativistisch aufzulösen:

> Relativismus ist ein Mittel, nirgendwo zu sein, während man beansprucht, überall in gleicher Weise zu sein. Die „Gleichheit" der Positionierung leugnet Verantwortlichkeit und verhindert eine kritische Über-

> prüfung. In den Objektivitätsideologien ist der Relativismus das perfekte Spiegelbild der Totalisierung: Beide leugnen die Relevanz von Verortung, Verkörperung und partialer Perspektive, beide verhindern eine gute Sicht. Relativismus und Totalisierung sind „göttliche Tricks". [...] Die Möglichkeit nachhaltiger rationaler, objektiver Forschung überlebt [...] gerade in der Politik und Epistemologie einer partialen Perspektive. (Haraway 1988, 84)

Wie Haraway unterstreicht, führt die feministische Kritik der herrschenden Epistemologie nicht dazu, das Begehren nach Objektivität aufzugeben, sondern im Gegenteil dazu, es zu steigern. Aus der Perspektive feministischer Epistemologie gibt es Objektivität nur da, wo sich Forschung ihrer eigenen Perspektivität und Situiertheit, und damit auch ihrer ethischen und politischen Positionen bewusst bleibt.

Epistemologie ist für Haraway nicht deswegen politisch, weil alle Wissensansprüche in Wahrheit Machansprüche sind. Das wäre die Haltung eines Relativismus bzw. Antifundamentalismus, die für Haraway Komplizen des Absolutismus/Fundamentalismus sind. Vielmehr ist Epistemologie deswegen politisch, weil Wissen und Erkenntnis Perspektiven und Situierungen voraussetzen, die in einem machtgesättigten Feld konstituiert werden. Wie wir bereits mit Gilligan und Irigaray gesehen haben, werden bestimmte Stimmen und Vokabulare der Begründung gegenüber anderen privilegiert, wie etwa die „männliche" Stimme der Begründung-qua-Berechnung gegengegenüber der „weiblichen" Stimme der Begründung-qua-Beziehung, die gar nicht als relevante Stimme und Perspektive berücksichtigt wird.[21]

Für Haraway sind es gerade solche sozial und politisch unterdrückten Standpunkte und Sichtweisen, die größere epistemische Objektivität versprechen. Anders gesagt, *politisch* unterdrückte Perspektiven sind *epistemisch* privilegiert. Das liegt nicht daran, dass sie unkorrumpiert und insofern moralisch zu bevorzugen wären, und auch nicht daran, dass bestimmte Positionen oder Identitäten über einen wahrhaft „neutralen" Blick auf die Wirklichkeit verfügen; das wäre nur eine neue Version des göttlichen Tricks. Vielmehr sind unterdrückte Perspektiven epistemisch privilegiert, weil die Unterdrückungserfahrung die Situiertheit des Wissens erfahrbar macht: „Die Standpunkte der Unterworfenen [...] werden [...] bevorzugt, weil sie prinzipiell weniger anfällig sind für eine Leugnung des kritischen und interpretativen Kerns allen Wissens." (Haraway 1988, 84) Eine politisch unterdrückte Perspektive weiß, was eine hegemoniale Perspektive vergisst: dass politischer Einsatz, Engagement und Verantwortung im Kern von Wissensordnungen stehen, sodass „Politik und Ethik […] die Grundlage für Auseinandersetzungen darüber [darstellen], was als rationales Wissen gelten darf" (Haraway 1988, 87). Die Grundlagen von Wissensregimen sind nie rein epistemisch, sondern immer schon politisch, und erst die Anerkennung dieser politischen Fundamente ermöglicht Objektivität.

Haraways feministische Kritik lässt sich als postfundamentalistische Intervention ins Feld der Epistemologie *avant la lettre* lesen. Was die Idee „kontingenter Grundlagen" (Butler 1995, → 4.3) in Bezug auf die Ontologie leistet – eine Zurückweisung des Gegensatzes von Fundamentalismus und Antifundamentalismus –, leistet die Idee „situierten Wissens" in Bezug auf die Epistemologie. Sie unterstreicht die politischen Einsätze von Wissens- und Erkenntnisansprüchen, ohne Wissen relativistisch zu „politisieren" und auf einen Machtanspruch zu reduzieren. Im Gegenteil wird die ideologische Selbstbeschreibung „unpolitischer" Objektivität als Machtgeste aufgedeckt. Unter postfundamentalistischen Vorzeichen ließe sich analog zu Haraways Konzept situierten Wissens auch von ‚situierten Gründen' und ‚situierten Grundlagen' sprechen. Haraway unterstreicht die Materialität und leibliche Positionalität von Wissen und Erkenntnis. Entsprechend macht die realistische postfundamentalistische Konzeption des Gründens und Begründens auf die leiblichen und affektiven Einsätze in unseren (Be)Gründungspraktiken aufmerksam.

*tl;dr*

Die feministischen Ansätze von Gilligan, Irigaray und Haraway zielen darauf ab, die Komplizenschaft zwischen klassischen Vernunft- und Begründungsidealen mit Formen männlicher Herrschaft offenzulegen. Dabei werden Denkstile und Begründungsweisen, die sich der maskulinen Norm verweigern, wie die Rationalität der Fürsorge, systematisch marginalisiert bzw. ausgeschlossen. Damit wird deutlich, dass der westliche Logozentrismus – eine Denkhaltung, die das Rationale und Geistige gegenüber dem Affektiven und Materiellen privilegiert – immer auch ein uneingestandener Phallozentrismus ist. Eine feministische Wissenschaftskritik basiert auf der Idee des „situierten Wissens", das die Positionalität von Objektivitätsansprüchen ernst nimmt. Damit legt sie die politischen Fundamente epistemischer Wissensregime frei.

## 3.2 Postkoloniale Theorie: Repräsentation und Neueinschreibung

Postkoloniale Theorien problematisieren Universalisierungen vonseiten westlicher Denktraditionen, um auf die Kontextgebundenheit und komplexe Verwobenheit unterschiedlicher Herrschaftsmechanismen aufmerksam zu machen. Im Zuge der Entkolonialisierungsprozesse Mitte des 20. Jahrhunderts bilden sich die interdisziplinären Postcolonial Studies im Zuge einer kritischen Rezeption westlicher emanzipatorischer Theorieproduktion im globalen Süden heraus. Postkoloniale Theorien reflektieren die blinden Flecken westlicher Konzepte von Freiheit und Befreiung, indem sie darauf aufmerksam machen, dass diese auf globaler Ebene oft gerade jene Macht- und Herrschaftsverhältnisse verfestigen, die sie bekämpfen. Anstatt sich ein universales Paradigma emanzipatorischer Kämpfe zurechtzulegen, fordern postkoloniale Zugänge prekäre Allianzen zwischen unterschiedlichen Akteuren, die mit zum Teil überlappenden, aber nie identischen Unterdrückungsmustern zu kämpfen haben.

**Die Literaturwissenschaftlerin Chandra Mohanty (*1955) kritisiert die kolonialen Implikationen westlicher feministischer Theorieproduktion.** In ihrem Text „Under Western Eyes: Feminist Scholarship and Colonial Discourses“ (1988) vertritt sie die These, dass die Idee universaler „weiblicher Unterdrückung“ und einer daraus folgenden globalen „Schwesternschaft“, wie sie von zeitgenössischen westlichen Feminismen vertreten wird, daran mitbeteiligt ist, eurozentrische Herrschaft zu verfestigen und koloniale Kontinuitäten fortzuschreiben. Die Vorstellung, dass *die* Stimme der (männlichen) Vernunft und Gerechtigkeit *die* andere, weibliche Stimme zum Schweigen bringt, wie Gilligan und Irigaray meinen, wird problematisch, sobald man sie über den westlichen Kontext hinaus als universale, transkulturelle Struktur weiblicher Unterdrückung begreift:

> Wenn man davon ausgeht, dass [feministische] Konzepte universal anwendbar sind, dann ruft die daraus resultierende Homogenisierung ökonomischer, ethnischer, religiöser und alltäglicher materieller Praktiken von Frauen in der dritten Welt eine falsche Vorstellung der Gemeinsamkeit von Unterdrückungsmustern hervor. Jenseits der Schwesternschaft gibt es immer noch Rassismus, Kolonialismus und Imperialismus! (Mohanty 1988, 76–77)

Nach Mohanty braucht es einen postkolonialen Feminismus, der nicht von einer eindimensionalen Idee weiblicher Unterdrückung ausgeht, sondern fähig ist, Allianzen und Koalitionen zwischen Akteur:innen und Bewegungen zu schmieden, die mit unterschiedlichen Machtverhältnissen konfrontiert sind. Entscheidend ist dabei, im Blick zu behalten, dass schon die repräsentativen, medialen und politischen Ressourcen dafür, die eigene Unterdrückung anzuklagen und *als* Ungerechtigkeit darzustellen, ungleich verteilt sind. Westliche Feminismen sind so gesehen von vornherein in einer anderen Position, was die Möglichkeit betrifft, die eigene Unterdrückungslage darzustellen.

**Die postkoloniale Theoretikerin Gayatri Chakravorty Spivak (*1942) argumentiert, dass koloniale Unterdrückung den „Subalternen" verunmöglicht, sich selbst zu repräsentieren.** In ihrer Schrift *Can the Subaltern Speak?* (1988), die mittlerweile zu einem Schlüsseltext postkolonialer Theoriebildung geworden ist, fragt Spivak danach, wie emanzipatorische Kämpfe unter kolonialen Bedingungen geführt werden können. Als Ausgangspunkt wählt sie ein Gespräch zwischen Michel Foucault und Gilles Deleuze, in dem diese nach der Rolle von Intellektuellen in politischen Bewegungen fragen (vgl. Deleuze/Foucault 1977). Deleuze und Foucault kritisieren das klassische marxistische Verständnis der Intellektuellen als Stimme und Kopf des Proletariats. Aus deren Sicht handelt es sich dabei um eine paternalistische Anmaßung; die Arbeiter:innen sind durchaus in der Lage, für sich selbst zu sprechen und der Versuch der Intellektuellen, an ihrer statt das Wort zu ergreifen, ist eine Geste der Macht, die die Marginalisierung der Arbeiter:innen innerhalb der bürgerlich-kapitalistischen Herrschaftsverhältnisse wiederholt und verfestigt, anstatt sie aufzubrechen.

Spivak argumentiert, dass das vermeintlich noble Anliegen von Deleuze und Foucault, die Unterdrückten für sich selbst sprechen zu lassen, leerläuft, sobald man es auf die Situation der Subalternen bezieht. Die Subalterne ist die subproletarische kolonisierte Frau, die aus den hegemonialen, westlichen Macht- und Erkenntnisregimen auf mehrfache Weise ausgeschlossen ist. Die „epistemische Gewalt" dieser Regime ist derart massiv, so Spivak, dass es den Subalternen unmöglich ist, in den hegemonialen Diskursen Gehör zu finden. Insofern ist im Fall der Subalternen, bei aller Gewaltsamkeit von Repräsentation, ein vertretendes Sprechen unumgänglich. Die Subalterne kann, anders als die westliche Frau bei Gilligan und Irigaray, nicht einmal die Art und Weise bezeugen, in der ihr Diskurs zum Schweigen gebracht wird:

> Für die „Figur“ der Frau [im westlichen Feminismus] gilt, dass die Beziehung zwischen Frauen und Schweigen durch Frauen selbst dargestellt werden kann […]. Subalterne Geschichtsschreibung muss sich der Unmöglichkeit solcher Gesten stellen. […] Wenn die Subalternen im Kontext kolonialer Produktion keine Geschichte haben und nicht sprechen können, dann ist die Subalterne als Frau sogar noch tiefer in den Schatten gedrängt. (Spivak 1988, 56 f.)

Anders gesagt, selbst wenn Irigaray die radikale These vertritt, dass weibliches Sprechen innerhalb der phallozentrischen Bedeutungsökonomie invisibilisiert wird, kann sie immerhin noch diese These *vertreten* und hat Zugang zu institutionellen Kanälen, um ihr, wie entstellt auch immer, Gehör zu verschaffen. Die Subalterne ist einer doppelten Verdrängung ausgesetzt: Sie wird zum Schweigen gebracht, und zugleich wird ihr die Möglichkeit genommen, das als Unrecht anzuklagen.

**Der postkoloniale Theoretiker Homi K. Bhabha (*1949) sieht in Praktiken der Übersetzung und Neueinschreibung Einsatzpunkte postkolonialer Handlungsfähigkeit.** In seinem Werk *Die Verortung der Kultur* (1994) geht Bhabha davon aus, dass die koloniale Situation eine ganze Reihe sogenannter „Dritter Räume“ hervorgebracht hat. In Dritten Räumen treffen westliche und nichtwestliche Epistemologien und Ontologien aufeinander. Es kommt zu Prozessen der „Hybridisierung“, in denen neue epistemische Konstellationen entstehen. Diese Hybridisierungen verändern die Fundamente des eigenen Weltzugangs. Die eurozentrische Vorstellung eines „Menschen an sich“ und einer universalen Vernunft dienen dazu, sich gegen Hybridisierungsprozesse zu immunisieren und die Gewalt, mit der das eigene Modell durchgesetzt wird, zu verschleiern:

> Die enthistorisierte Autorität des „Menschen […]“ bringt […] Kräfte der Normalisierung und Naturalisierung hervor […]. Die unsichtbare Macht, die dieser enthistorisierten Figur des Menschen zugeschrieben wird, wird auf Kosten jener „anderen“ – der Frauen, der „Eingeborenen“, der Kolonisierten, der Zwangsarbeiter und Versklavten – gewonnen, die, zur gleichen Zeit, aber in anderen Räumen, zu den Völkern ohne Geschichte wurden. (Bhabha 1994, 294)

Gegen die eurozentrische Logik der Vereinheitlichung verdeutlichen Bhabhas Konzepte des Dritten Raums und der Hybridisierung, dass

Kultur keine Sache vorgängiger Identität ist. Vielmehr sind Kulturen stets in Prozesse des Austauschs, der Übersetzung und der Hybridisierung einbezogen. Entsprechend kann es für Bhabha in einer postkolonialen Konstellation nicht einfach darum gehen, sich von den kulturellen Einflüssen der Kolonisatoren zu befreien und diese auszuradieren.[22]

Daher ist für Bhabha ein Essentialismus keine politische Option, auch nicht ein ‚strategischer Essentialismus', wie ihn Spivak bisweilen als politische Strategie ins Auge gefasst hat.[23] Die emanzipatorische Geste, die der kulturellen Hybridität Rechnung trägt, ist nach Bhabha die Übersetzung. Er entwirft einen Begriff „kultureller Übersetzung", um deutlich zu machen, wie Emanzipation unter postkolonialen Bedingungen gedacht werden kann. Politische Forderungen werden stets aus einer partikularen Position geäußert und brauchen daher eine Übersetzungsleistung, um über diesen partikularen Ort hinaus politische Wirkkraft zu entfalten – ein Gedanke, der an das hegemonietheoretische Motiv der Äquivalenzkette erinnert (→ 2.2, 5.3). Übersetzung heißt, dass der Ort der Veränderung *zwischen* Universalem und Partikularen sowie *zwischen* Eigenem und Fremdem situiert ist.

Bhabha möchte nicht *tabula rasa* machen und zu bestimmten, von der kolonialen Intrusion unbehelligten, ‚reinen' Konzepten und Denkweisen zurückfinden. Im Gegenteil müssen hergebrachte Begriffe im Bewusstsein der unvermeidlichen Hybridisierung neu eingeschrieben werden. Bhabha skizziert diese Praxis der Neueinschreibung unter Rückgriff auf Rortys Kritik des westlichen Fundamentalismus (→ 2.3) und vergleicht sein eigenes Konzept der Neueinschreibung mit dessen Idee einer kreativen Neubeschreibung. Auch wenn Affinitäten zwischen diesen beiden Konzepten bestehen, fehlt Rortys Liberalismus nach Bhabha (1994, 284) „eine Strategie der Machtaneignung", weswegen er die Neubeschreibung bzw. das Erfinden neuer Vokabulare nur als einsamen artistischen Akt verstehen kann. Transformative Neueinschreibungen vollziehen sich dagegen nach Bhabha in Dritten Räumen und resultieren aus der konflikthaften Reibung epistemischer Paradigmen. Bhabha wirft Rorty vor, dass dessen Konzept der Neubeschreibung selbst noch „von einem westlichen Ethnozentrismus durchdrungen" ist (Bhabha 1994, 284). Rortys Umstellung von rationaler Kalkulation auf schöpferische Fantasie lässt demnach die westliche Idee eines autonomen Subjekts unangetastet bzw. verschiebt sie nur vom Denker zum Dichter. Dagegen verweist die Neueinschreibung nach Bhabha auf den beziehungshaften Charakter politischer Veränderungen, die aus Kontakten mit Anderem, nicht aus den Einfällen eines genialen Selbst hervorgehen. Bhabha unterstreicht damit die Relevanz spannungsreicher Beziehungen – ein Motiv, das uns bereits in der feministischen Kritik an der phallozentrischen Rationalität der Berechnung begegnet ist und das auch in den Theorieansätzen der politischen Ökologie, auf die wir nun zu sprechen kommen, eine zentrale Rolle spielt.

tl;dr

Postkoloniale Theorien radikalisieren die Geste der Pluralisierung des Begründens. Sie betonen die intersektionale Verwobenheit unterschiedlicher Unterdrückungsmuster und unterstreichen, dass emanzipatorische Theorien, die die Komplexität und Vielgestaltigkeit globaler Machtverhältnisse nicht mitdenken, Gefahr laufen, die gewaltsame Hegemonie eines westlichen Ideals von Universalität und Rationalität zu zementieren. An die Stelle der Vorstellung eines allgemeingültigen Ursprungs und Fundaments treten Prozesse der Hybridisierung und Übersetzung, die allen Hoffnungen auf feste Identitäten und vorgegebene Grenzziehungen zwischen unterschiedlichen kulturellen Blöcken eine Absage erteilen.

## 3.3 Politische Ökologie: Die Gründe der Dinge

Polit-ökologische Ansätze machen geltend, dass die Klimakatastrophe die Ausbildung einer neuen, ökologischen Rationalität erfordert, um den vielgestaltigen Beziehungen zwischen menschlichen und nichtmenschlichen Wesen gerecht zu werden. Während der Feminismus primär den *Androzentrismus* des klassischen Vernunftideals in den Blick nimmt und die postkoloniale Theoriebildung auf seine *eurozentrischen* Implikationen fokussiert, entwirft die politische Ökologie eine Kritik des *Anthropozentrismus*. Wie wir bereits in Auseinandersetzung mit den feministischen und postkolonialen Theorien gesehen haben, konstituiert sich das westliche Vernunftideal durch die Abgrenzung vom Natürlichen, welches in der Folge dem *Othering* als weiblich oder fremd anheimfällt. Die umfassende Beherrschung einer als stumm, arational und deterministisch verstandenen Natur wird so zur unhinterfragten Selbstverständlichkeit. Dagegen betonen polit-ökologische Theorien, dass die Natur keineswegs eine passive Spielfläche menschlicher Machtausübung darstellt. Vielmehr verfügen Naturdinge aus dieser Warte über eigene Aktionspotentiale, die nicht auf die Mechanik von Ursache und Wirkung reduziert werden können. Dementsprechend lassen sich

Begründungs- und Gründungspraktiken aus dieser Perspektive nur im Zusammenspiel menschlicher und nicht-menschlicher Akteure verstehen. Anstatt die Natur als deterministisches Reich der Ursachen strikt vom menschlichen Reich der Gründe und der Freiheit abzugrenzen, gilt es, das Verhältnis zwischen ihnen ins Zentrum zu stellen. Mehr noch, was wir als menschlich bezeichnen, lässt sich letztlich nur aus diesem Beziehungsgeflecht heraus verstehen.[24]

**Der Wissenschaftssoziologe Bruno Latour (1947–2022) entwirft eine neue Ontologie, die nicht isolierte Gegenstände, sondern Beziehungen ins Zentrum stellt.** Aus seinen frühen wissenssoziologischen Beobachtungsstudien, in denen er sich der konkreten Praxis naturwissenschaftlicher Laborarbeit widmete, gewinnt Latour die Einsicht, dass ‚natürliche' Objekte mitnichten jene passiven, trägen Stücke Materie sind, als die wir sie uns gemeinhin vorstellen. Die Beschaffenheit und die Wechselwirkungen der Objekte in einem Laboratorium beeinflussen wesentlich, welche Erkenntnisse möglich sind, welche Wege in der Forschung eingeschlagen werden und welche Selbstverständnisse dies wiederum aufseiten der Forscher:innen zeitigt. Unser Weltzugang hat Latour zufolge nie mit kontextlosen Objekten zu tun, sondern ist in komplexe Relationalitäten eingebettet – ein Gedanke, den Latour von Martin Heidegger übernimmt (→ 4.1). Wir stehen in einer Vielzahl von historischen, politischen, sozialen, technologischen und natürlichen Beziehungen, und es sind diese Beziehungen, die ein ‚Objekt' erst als solches für uns verständlich machen.

Aus dieser Sicht sind die traditionellen Unterscheidungen von Subjekt und Objekt sowie von Natur und Kultur nichts als Scheuklappen, die uns für das Beziehungsgeflecht blind machen, das sich zwischen menschlichen und nicht-menschlichen Wesen aufspannt. Wir haben es stets mit „Hybriden" zu tun, die sich nur gewaltsam einem der beiden Bereiche zuordnen lassen. Die Geste, bestimmte Entitäten in die Kategorie der Natur einzuordnen, ist nach Latour eine Geste der Macht, die darauf abzielt, Diskurse abzugrenzen und Teilhabemöglichkeiten zu beschränken. Man denke etwa an Aristoteles' Sklaven, die nur über eine tierische Stimme, nicht über menschliche Sprache verfügen, oder an den von Irigaray und Gilligan angeklagten Ausschluss des Weiblichen aus den Diskursen der Moral und der Vernunft. Analog wird das Natürliche als irrational abgetan und damit aus menschlichen (Be)Gründungspraktiken ausgeschlossen. Gleichzeitig erlaubt der Bezug auf das „schlechthin Natürliche", politische Entscheidungen als unabänderliche Notwendigkeiten hinzustellen. Natur erscheint als immer schon determiniert, frei von Kontingenz und insofern immun gegen intervenierendes Handeln. Damit verbindet die westliche Idee von Natur, wie Latour aufzeigt, ein Moment höchster Autorität (etwas als natürlich zu etablieren beendet jede Debatte) mit einem Moment vollkommener Machtlosigkeit (die Natur spricht nicht). Diese Doppelbedeutung der Natur entspricht im Übrigen exakt der Position des Weiblichen, wie sie Irigaray darstellt: Absolute Fundierung und Machtlosigkeit treffen zusammen.

In Bezug auf das Politische macht diese Überlegung nach Latour ersichtlich, dass alle Hierarchieverhältnisse sowie In- und Exklusionen wesentlich politisch sind. Das heißt nicht, dass sie per se ‚falsch' sind, aber sie sind kontingent und veränderbar. Politik bleibt agonal, insofern sie nicht auf die Etablierung eines ‚Wir' verzichten kann, das stets mit bestimmten Ausschlüssen einhergeht. Doch während das klassische Naturverständnis Exklusionen systematisch unsichtbar macht, hebt Latours Ontologie gerade ihre Historizität, Veränderlichkeit und Kontestierbarkeit hervor.

Diese Theorie muss freilich mit der Rückfrage rechnen, wie sie damit umgeht, dass bestimmte Entitäten nicht ‚von sich aus' sprechen bzw. keine eigene Stimme haben. Latour antwortet darauf nicht anders als Spivak: Wer/was nicht selbst sprechen kann, muss repräsentiert werden. Dabei handelt es sich nicht um einen abseitigen Sonderfall. Im Gegenteil ist für Latour jedes Sprechen, selbst die ‚normalbetriebliche' menschliche Rede, auf Dispositive der Repräsentation angewiesen: „Wir behaupten nicht, daß die Dinge ‚für sich selbst' sprechen, da niemand, nicht einmal die Menschen, nur für sich selbst, sondern immer auch *für anderes* spricht." (Latour 1999, 100)

Latours Argument lautet, dass die Schwierigkeit des Repräsentationsproblems für gewöhnlich zugleich überschätzt und unterschätzt wird. Es wird *überschätzt*, insofern die Repräsentation nicht-menschlicher Akteure viel weniger abwegig ist, als es zunächst scheint. Man denke nur daran, wie alltäglich es ist, dass „Microsoft" gegen eine juridische Entscheidung Einspruch erhebt oder „Greenpeace" eine parlamentarische Petition einreicht, obwohl diese Organisationen keine sprechenden Subjekte sind. Zugleich wird das Repräsentationsproblem notorisch *unterschätzt*, da es viel schwieriger ist, für sich selbst zu sprechen, als wir uns eingestehen wollen. Unvermittelter, direkter Selbstausdruck – die große Hoffnung Schillers und Dostojewskis

(→ 2.1) – ist letztlich unmöglich. Aufgrund der Historizität der Sprache sind die Stimmen anderer immer schon in unsere intimste Rede eingedrungen. Der Literaturtheoretiker Roland Barthes (1977) macht darauf aufmerksam, dass das Persönlichste, was man jemandem sagen kann – das erstmals ausgesprochene „Ich liebe dich“ –, zugleich das abgegriffenste Zitat im Repertoire menschlicher Rede ist. Latour zieht aus diesen Überlegungen die Konsequenz, dass die Frage, wer oder was repräsentiert werden kann, nicht dadurch zu klären ist, dass man nach vorgegebenen Grenzen in der Natur der Dinge sucht. Vielmehr ist der Bereich des Repräsentierbaren nur durch die Beschränkungen politischer Imagination begrenzt:

> Sollten Sie sich wundern, daß man den „Wald“ sprechen läßt, dann müssen Sie sich auch darüber wundern, daß ein Präsident als Vertreter von „Frankreich“ spricht. Jede moralische Person hat viel zu sagen, und jede kann sich nur mittels einer schwindelerregenden Reihe unabdingbarer Voraussetzungen äußern. Es dauerte viele Jahrzehnte, bis akzeptiert wurde, daß die Definition der Demokratie als Wille des souveränen Volkes auch nur in etwa einer Realität entsprach, und anfangen mußte man mit – einer Fiktion. „Wie? Das souveräne Volk? Wo denken Sie hin?“ „Was, eine Delegation des WALDS? Sind Sie bei Sinnen?“ (Latour 2017, 441 f.)

Wie eine solche erweiterte Praxis der Repräsentation aussehen könnte, hat Latour im Rahmen des von ihm mitkonzipierten *Théâtre des Négociations* ausgelotet. Bei dieser Veranstaltung, die im Vorfeld der Pariser Klimakonferenz 2015 stattfand, kamen Delegationen von etwa 200 Studierenden aus der ganzen Welt zusammen. Sie nutzte die Freiheiten des theatralen Raums, um vermeintlich sprachlosen Entitäten eine Stimme zu geben. Dabei erweiterte der theatrale Gipfel den Kreis anerkennbarer Subjekte radikal: Einzelne Delegationen vertraten minoritäre Gruppen, Subalterne und sogar nicht-menschliche Akteur:innen wie Wälder oder Ozeane. Latour sieht dieses theatrale Spiel als Übung in radikaler politischer Imagination. Ähnlich wie Bhabha mit seinen Konzepten des Dritten Raums und der Neueinschreibung macht Latour darauf aufmerksam, dass derartige Erweiterungen der politischen Vorstellungskraft nie das Produkt genialer Köpfe sind, sondern aus komplexen Konstellationen hervorgehen, an denen eine Vielzahl von Akteur:innen beteiligt ist. Erst das spannungsreiche Aufeinandertreffen bislang unvereinbarer Diskurse eröffnet neue Horizonte des Denkbaren.

**Die Politikwissenschaftlerin und Philosophin Jane Bennett (*1957) diskutiert die demokratietheoretischen Implikationen einer polit-ökologischen Kritik am Anthropozentrismus.** Dabei schließt sie sich Latours Kritik an der klassischen Dichotomie zwischen menschlichen Subjekten und nicht-menschlichen Objekten an. Nicht-menschliche Akteur:innen oder „Aktanten" wie natürliche oder technische Dinge – von Sporen über Würmer bis zu Blumen, Wind oder Müll – sind laut Bennett nicht nur repräsentierbar, sondern haben selbst agentielle Fähigkeiten, d. h. können in gewissem Sinne handeln, anstatt nur Automatismen oder Reflexen zu folgen. Die klassische Demokratietheorie basiert auf der ontologischen Annahme, dass Kommunikation eine rein menschliche Angelegenheit ist. Diesem anthropozentrischen Ausgangspunkt stellt Bennett (2001; 2010) die Perspektive eines „enchanted" oder „vital materialism" entgegen, der die aktive Teilnahme nicht-menschlicher Kräfte an Verständigungs- und Übertragungsprozessen hervorhebt.

> Ich strebe nach einer Konzeption von Materie, die die Widerspenstigkeit, Vitalität und Wirksamkeit von Nicht-Menschen anerkennt – ihre „Ding-Kraft" oder die merkwürdige Fähigkeit von „leblosen" Dingen, Menschen zu beleben, uns zu überraschen, auf uns Einfluss zu nehmen und uns zu Bewegungen, Stimmungen oder Äußerungen anzutreiben, die wir sonst nicht erfahren würden. In diesem Imaginären sind Menschen selbst Materien, die untrennbar mit nicht-menschlichen Wesen und Kräften verwoben sind, denn Menschen können nur funktionieren, wenn sie von einer Schar nicht-menschlicher Dinge begleitet werden (von Nahrungsmitteln über Darmbakterien bis hin zum Metall/Kunststoff/Silikon von Werkzeugen). (Bennett 2005, 136 f.)

Wenn sich zeigen lässt, dass politische Entscheidungen stets ein Konglomerat menschlicher und nicht-menschlicher Handlungen darstellen („assemblage decision"), muss auch die Demokratietheorie diesem Umstand Rechnung tragen, so Bennett. Gerade in Zeiten der Klimakatastrophe, in denen die wechselseitige Abhängigkeit von Mensch und Natur immer offensichtlicher wird, ist es nicht nur aus ethischer, sondern auch aus pragmatischer Sicht unerlässlich, die traditionelle Trennung zwischen aktiven Subjekten und passiven Objekten aufzugeben. Die angemessene Analyseeinheit der Demokratietheorie ist für Bennett folglich nicht mehr das autonome Individuum oder das menschliche

Kollektiv. Demokratisierung bedeutet die problembezogene, graduelle Inklusion nicht-menschlicher Materialitäten in den demokratischen Entscheidungsprozess. In der aktuellen Verfasstheit westlicher liberaler Staaten bedeutet das, die politische Stimme von Materie als demokratisch relevant anzuerkennen – so wie vormals ausgeschlossene Existenzen wie Sklaven oder Frauen, denen ebenfalls das für Politik vermeintlich nötige menschliche und männliche Maß an Rationalität, Intentionalität und (Be)Gründungsfähigkeit abgesprochen wurde.

**Die ökologische Kritik an der Dichotomie zwischen Mensch und Natur erfordert, politische Praxis im Allgemeinen und Repräsentation im Besonderen neu zu denken.** Neben dem schon erwähnten *Théâtre des Négociations* erkennt das *Parlament der Dinge*, ebenfalls initiiert von Latour, menschliche und nicht-menschliche Akteure als gleichwertige politische Subjekte an, die in einem parlamentarischen Prozess politische Fragen verhandeln:

> Die Naturen sind präsent, aber mit ihren Repräsentanten, den Wissenschaftlern, die in ihrem Namen sprechen. Die Gesellschaften sind präsent, aber mit den Objekten, die ihnen schon immer Gewicht gegeben haben. Zwar spricht der eine Mandatsträger vom Ozonloch, der andere repräsentiert die Chemieindustrie des Rhone-Alpen-Gebiets, ein dritter die Arbeiter dieser selben Industrie, ein vierter die Wähler aus dem Raum um Lyon, ein weiterer die Meteorologie der Polarregionen, und wieder ein anderer spricht im Namen des Staates. Aber das ist nicht entscheidend, solange sie alle sich über dieselbe Sache äußern, über dieses Quasi-Objekt, das sie alle geschaffen haben, diese Objekt-Diskurs-Natur-Gesellschaft, deren neue Eigenschaften uns alle verwundern und deren Netz sich von meinem Kühlschrank bis zur Antarktis erstreckt, auf dem Weg über die Chemie, das Recht, den Staat, die Ökonomie und die Satelliten. (Latour 1991, 192)

Mit dem Einbezug nicht-menschlicher Entitäten in politische Aushandlungsprozesse ist die Idee von ökologischen Rechten oder ‚Rechten der Natur' eng verknüpft (vgl. Escobar 2018; Tanasescu 2022; Wesche 2023). Weltweit werden Flüssen, Wäldern und Bergen eigene Rechte zugesprochen, wie im Falle des Whanganui-Flusses in Neuseeland. Seit 2017 wird er als juristische Person angesehen und gehört damit nicht mehr Neuseeland oder dem neuseeländischen Volk, sondern sich selbst. Gleiches gilt seit 2022 für die Salzwasserlagune Mar Menor in

Spanien und das Kollektiv *Embassy of the North Sea* will bis 2030 auch der Nordsee politische Rechte erkämpfen. Ein Parlament der Dinge im Sinne Latours versteht sowohl menschliche als auch nicht-menschliche Entitäten als Rechtspersonen, die in gleicher Weise in den politischen Aushandlungsprozess im Parlament einbezogen werden und handeln können. Damit ließe sich die Trennung von Mensch und Natur überwinden – in Bezug auf Rechte und politische Repräsentation im Besonderen und jede Form von (Be)Gründungspraxis im Allgemeinen.

*tl;dr*

Polit-ökologische Theorien erweitern die feministische und postkoloniale Kritik an den Ausschlüssen männlicher und westlicher Vernunft- und Begründungsdiskurse. Eine polit-ökologische Rationalität gründet sich nicht mehr auf dem Ausschluss des Natürlichen, sondern erkennt das komplexe Beziehungsgeflecht zwischen menschlichen und nicht-menschlichen Akteur:innen an. Für das Verständnis von Demokratie geht damit eine radikalisierte Praxis der Repräsentation einher, die vormals als sprachlos begriffenen Existenzweisen eine politische Stimme verleiht.

# 4 Aporien des (Be)Gründens

*Dieses Kapitel widmet sich den wichtigsten philosophischen Stichwortgeber:innen postfundamentalistischer Ansätze aus der Phänomenologie und dem Poststrukturalismus. Dabei zeichnen wir zunächst einige wesentliche phänomenologische Einsatzpunkte nach (Martin Heidegger, Oliver Marchart) (4.1) und skizzieren die Grundlinien einer Phänomenologie der (Be)Gründung (Samuel IJsseling, Sara Ahmed) (4.2). Davon ausgehend diskutieren wir den spannungsreichen Charakter politischer Gründungsakte (Hannah Arendt, Jacques Derrida) (4.3). Diese Theorien setzen an der Kritik des Begründens an, wie sie in Hermeneutiken des Verdachts und im Pragmatismus lanciert wird, ohne das Begründen als Oberflächenphänomen abzutun. Sie machen deutlich, dass wir das Begründen nicht losgelöst von Macht, Affektivität und Begehren verstehen können. Begründungen sind für die politische Existenz und die Legitimation politischer Ordnungen unverzichtbar, können aber nicht auf eine abstrakte Logik oder Argumentationstheorie beschränkt werden.*

## 4.1 Phänomenologische Einsatzpunkte: Von der ontologischen zur politischen Differenz

Die philosophische Traditionslinie der Phänomenologie erlaubt, zentrale postfundamentalistische Denkmotive zu erläutern, wie die Unterscheidung zwischen *der* Politik und *dem* Politischen oder den politischen Realismus des (Be)Gründens. Zudem ist die Phänomenologie historisch wegbereitend für viele der vernunftkritischen Theorien, die wir im vorigen Kapitel besprochen haben. So geht das Denken in Beziehungen und hybriden Konstellationen auf eine Grundeinsicht der Phänomenologie zurück. Die Phänomenologie ersetzt das Paradigma der *Trennung* zwischen Subjekt und Objekt durch ein Paradigma der *Beziehung* zwischen unterschiedlichen Existenzen und Entitäten.

**Martin Heidegger (1889–1976) entwirft eine phänomenologische Ontologie der Relationalität.** Um metaphysische Vorurteile wie die Trennung von Subjekt und Objekt oder die Idee des Menschen als autarkes Individuum zu überwinden, brauchen wir nach Heidegger eine neue Sprache und Terminologie bzw. ein neues Vokabular, wie Rorty sagen würde (→ 2.3). Heidegger führt eine ganze Reihe neuer Begriffe ein, um unseren Weltbezug abseits der metaphysischen Vorentscheidungen zu beschreiben, die unser Selbst- und Weltverständnis bis heute prägen. So spricht Heidegger in *Sein und Zeit* (1927) z. B. nicht mehr vom Subjekt oder vom Menschen, sondern vom „Dasein". Er zielt darauf ab, die Grundbedingungen unserer Existenz darzustellen, um Aufschluss über das Sein zu bekommen. Der Gedanke dahinter lautet, dass das Dasein (also ‚wir') ein gewisses Vorverständnis vom Sein hat. Wir reden schließlich andauernd davon, dass irgendetwas irgendwie *ist* bzw. dass dies oder jenes so und so *sein* muss. Dieses alltägliche Vorverständnis vom Sein ist unausdrücklich und konfus, aber, so Heidegger, es ist besser als nichts. Es liefert eine Angriffsfläche, von der aus man auf ein echtes Verstehen von Sein hinarbeiten kann.

Ein grundsätzliches Charakteristikum des alltäglichen Seinsverständnisses ist, dass wir nie direkt auf ‚das' Sein stoßen, sondern immer nur vermittelt über Seiendes (also Gegenstände, andere Menschen usw.). Das Sein entzieht sich und bleibt in unserem alltäglichen Umgang mit Seiendem verdeckt. Das ist die „ontisch-ontologische Differenz", die Heidegger etabliert. Unser alltägliches Leben spielt sich auf der „ontischen" Ebene ab, im Umgang mit Seiendem: wir arbeiten, plaudern mit Freund:innen, lesen Zeitung usw. Das Ontologische, die Ebene der Grundbedingungen des Seins, bleibt verborgen, zumindest solange alles seinen geregelten Gang geht. Mit dem Sein des Seienden, also mit der ontologischen Ebene, werden wir nur selten konfrontiert; nämlich dann, wenn die Ordnung gestört wird.

Heidegger erläutert das in *Sein und Zeit* mit seinem berühmten Werkstatt-Beispiel. Wenn wir in der Werkstatt etwas herstellen, greifen wir zu Werkzeugen, die zu etwas Bestimmten dienlich sind, und wir finden uns unmittelbar in den Verwendungsweisen und Möglichkeitshorizonten zurecht, die diese Dinge uns anbieten. Wir denken nicht ‚Aha, dieser Gegenstand hat einen Holzstiel und einen Metallschlegel, folglich ist das ein Hammer, also – heureka – kann ich mit ihm dort die Nägel einschlagen'. Sondern wir greifen uns den Hammer und schlagen den Nagel ein. Verstehen ist immer primär *praktisches* Verstehen, es ist nicht ein theoretisches Knowing-That, sondern Knowing-How, d. h. ein implizites, leiblich verankertes, praktisches Wissen – ein Gedanke, in dem sich Heidegger mit dem Pragmatismus trifft.[25]

Stellen wir uns nun vor, dass eine Störung auftritt, etwa dass der Stiel des Hammers während der Arbeit plötzlich bricht. Das ist der Moment, in dem wir uns (sicher) ärgern, (wahrscheinlich) fluchen und (womöglich) die Seinsfrage stellen: „Was *ist* das eigentlich für ein blödes Zeug?!" Und wenn wir besonders frustriert sind, setzen wir noch eins drauf und stellen uns die Sinnfrage: „Was mache ich eigentlich hier mit diesem ganzen Krempel?" Sowohl das Sein des Seienden (hier das Sein des Hammers) als auch unser eigenes Sein drängt sich in den Momenten auf, in denen die Ordnung gestört ist. So wird z. B. die Dienlichkeit, ein Seinscharakter des Werkzeugs, erst dann als solche für uns ersichtlich, wenn sie nicht mehr reibungslos gegeben ist, eben wenn der Hammer unbrauchbar wird. Erst eine Praxis, die ins Stocken kommt, führt uns das Ontologische, Wesenhafte vor Augen.

*Sein und Zeit* lässt sich als Katalog derartiger Störungen lesen, die uns aus unseren alltäglichen Vollzügen herausreißen und uns mit dem Sein konfrontieren. Für die Entdeckung unseres eigenen Seins ist das Phänomen der Angst entscheidend. Damit ist nicht die Furcht vor etwas Bestimmtem gemeint, z. B. vor dem knurrenden Hund, der uns auf unserem Spaziergang entgegenkommt. Diese Furcht stellt die Ordnung nicht wirklich in Frage; sie hat einen konkreten Anlass und wir haben verschiedene Möglichkeiten, um ihr zu begegnen. Heidegger meint jene untergründige, nicht zuordenbare Angst, die uns scheinbar grundlos heimsucht. Diese unbestimmte Angst zerreißt das Gewebe unserer ontischen Praxis und wirft uns gewaltsam auf unser Sein zurück:

> In der Angst versinkt das […] Seiende. Die „Welt" vermag nichts mehr zu bieten, ebensowenig das Mitdasein Anderer. Die Angst […] wirft das Dasein auf das zurück, worum es sich ängstet, sein eigentliches In-der-Welt-sein-können. Die Angst vereinzelt das Dasein auf sein eigenstes In-der-Welt-sein (Heidegger 1927, 249).

Mit anderen Worten, die Angst zeigt uns schonungslos, was wir sind. Sie führt uns unser Sein als Wesen vor Augen, die in der Welt (d. h. in vielfältige Relationen und Kontexte eingebettet) sind und entscheiden müssen, was sie mit den Möglichkeiten, die diese Existenz anbietet, anfangen sollen. Wer diese Angst – das extreme, gegenstandslose Unbehagen, das sie uns aufoktroyiert – nicht kennt, weiß sozusagen nicht, was es heißt, eigentlich zu *sein*, sondern wird im Strom der etablierten Ordnung und der hergebrachten Praktiken mitschwimmen.

Ein weiteres Phänomenfeld, das uns aus unserer alltäglichen Praxis herausreißt, ist die Kunst, wie Heidegger in *Der Ursprung des Kunstwerkes* (1935), einer seiner berühmtesten Abhandlungen, argumentiert. Der Grundgedanke lautet, dass die Kunst das institutionalisiert, was uns beim Brechen des Hammers oder beim Aufwallen der Angst widerfährt. Kunstwerke reißen bestimmte Gegenstände aus ihren ontischen Praxisbezügen heraus und führen uns ihr Sein vor Augen. Die Kunst macht das Stören und Stocken der Praxis selbst zu einer Praxis. Wie Heidegger formuliert, tritt das Seiende im Kunstwerk „in die Unverborgenheit seines Seins heraus. […] Im Werk der Kunst hat sich die Wahrheit des Seienden ins Werk gesetzt." (Heidegger 1936, 19–21) Die Kunst macht aus dem passiven *Widerfahrnis* des Seins, das uns in der Brüchigkeit unserer alltäglichen Praxis und in der gestaltlosen Angst überwältigt, eine aktive, wiederholbare *Erfahrung*. Die Kunst ist sozusagen die Kunst, willentlich zu stolpern.

**Der Postfundamentalismus übersetzt Heideggers ontologische Differenz in die politische Differenz.** Oliver Marchart (*1968) greift in seinem Band *Die politische Differenz* (2010) auf die „linksheideggerianische"[26] Unterscheidung zwischen *der* Politik und *dem* Politischen zurück (→ Einleitung). Die Politik meint die alltägliche, ontische Ebene politischer Verfahren und Strukturen. Das Politische bezeichnet dagegen die ontologische Dimension der Grundlegung des Sozialen. Wie bei Heidegger gilt auch hier, dass die ontologische Dimension, das Politische, nie als solche, sondern nur vermittelt über die ontische Ebene der Politik zugänglich wird; und zugleich verstellt die ontische Alltäglichkeit der Politik die Konfrontation mit dem Sein des Politischen. Marchart übernimmt damit das Heidegger'sche Motiv, dass das Sein (das Politische) in Ereignissen der Störung hervorbricht, in denen die geregelten Abläufe (der Politik) brüchig werden.

Der wesentliche Seinscharakter des Politischen, der sich in Ereignissen der Störung zeigt, ist der *Antagonismus*: der Umstand, dass Gesellschaft immer schon konflikthaft gespalten ist. Ontische Politik besteht darin, dem ontologischen Antagonismus eine bestimmte Form zu geben und die Spaltung in eine Gestalt, eine Ordnung politischer Verhältnisse zu überführen. Wir begegnen nie dem Antagonismus an sich, sondern stets dem Antagonismus, wie er durch ein bestimmtes politisches Projekt repräsentiert wird. Die Gründung einer politischen Ordnung ist eine ontologische Intervention, eine Intervention ins Politische, die sich aber nur aus dem Ontischen heraus, d. h. als konkrete Politik, vollziehen kann. Das Ontologische ist daher für Marchart immer schon vom Ontischen kontaminiert.

Jedes politische Gemeinwesen stellt eine konkrete Weise dar, sich zum Antagonismus ins Verhältnis zu setzen. Soziales Sein kommt nicht ohne die Grundlegung von Ordnung im Politischen aus. Aber zugleich bleibt diese Grundlegung stets ‚ontisch' eingefärbt. Grundlegung heißt nicht, die Natur der Dinge abzubilden, sondern eine bestimmte Politik im Politischen zu verankern. Das hat allerdings zur Folge, dass jede Grundlegung kontingent ist. Wenn der ‚direkte' Zugang zum Politischen verstellt ist, dann bleibt nichts anderes übrig, als den Umweg über die Politik zu nehmen – und die Politik ist das Reich des Bedingten; dessen, was auch anders sein kann. Um den kontingenten Charakter politischer Grundlegungen zu unterstreichen, greift Marchart auf eine Stelle in Heideggers Spätwerk zurück: „Der Grund gründet als *Ab-grund*." (Heidegger 1936, 29) Jede Grundlage, jedes Fundament ist demnach perforiert durch Momente des Abgründigen, Impliziten und Unbestimmten. Dieses Diktum Heideggers ist in der Folge zur *signature quote* des Postfundamentalismus geworden. Es verdeutlicht in verdichteter Form die gleichzeitige Notwendigkeit (der Grund *gründet*: die ‚ontischen' gesellschaftlichen Verhältnisse sind im Politischen verankert) und Unmöglichkeit der Grundlegung (er gründet *als Ab-Grund*: jede Grundlegung hätte auch anders erfolgen können, die politische Ordnung ist kein Abbild der Seinsordnung).

Wie Heideggers ontologische Differenz veranschlagt die politische Differenz, dass die Seinsebene, die Ebene des Politischen, im Bruch mit dem Bestehenden hervortritt. Bei Heidegger haben wir gesehen, dass die Kunst diesbezüglich eine Sonderstellung hat: Sie transformiert das passive Widerfahrnis des Seins in eine eigene Praxis. Im Denken der politischen Differenz kommt diese Sonderstellung der Demokratie zu. Die Demokratie institutionalisiert die Möglichkeit, die Ordnung in Frage zu stellen. Sie ist aus dieser Sicht eine Regierungs- und Lebensform, die sich nicht nur, wie jede Ordnung, gegen Störungsversuche durchsetzt, sondern die Infragestellung zugleich in die Funktionsweise ihrer Institutionen einschreibt. Für die Demokratie geht es nicht so sehr um die Frage, ob sie überhaupt Störungen zuzulassen hat, sondern darum, welchen Formen von Störung sie Raum geben muss oder kann. Die Demokratie nimmt ihre Störanfälligkeit positiv an und öffnet sich *als* Ordnung dem Anderen der Ordnung.

*tl;dr*

Phänomenologische Ansätze machen auf die Relationalität unseres Weltbezugs aufmerksam. Heideggers ontisch-ontologische Differenz unterstreicht, dass die ontologischen Grundbedingungen des Daseins in unserer alltäglichen sozialen Praxis unsichtbar bleiben und erst in Momenten der Störung hervorbrechen. Der Postfundamentalismus reformuliert die ontologische Differenz als politische Differenz (zwischen der Politik und dem Politischen), um die Ab-Gründigkeit gesellschaftlicher Verhältnisse zu unterstreichen.

## 4.2 Phänomenologie der Gründe: Von der Argumentation zur politischen Gründung

Heideggers Motiv der ab-gründigen Gründung erlaubt, den Postfundamentalismus zwischen Fundamentalismus und Antifundamentalismus zu situieren: Fundamentalismen ignorieren die Abgründigkeit der Gründe, Antifundamentalismen übersehen die Unverzichtbarkeit von Grundlagen. Phänomenologisch lässt sich diese formale Standortbestimmung zudem mit Inhalt füllen, indem man untersucht, wie uns Begründungen und Argumente in der Erfahrung gegeben sind. Dabei kann es nicht darum gehen, eine logische Axiomatik oder ein argumentationstheoretisches Modell (wie z. B. das bekannte Toulmin-Schema, vgl. Toulmin 1958) heranzuziehen, um das Funktionieren von Begründungen abstrakt zu erläutern. Vielmehr arbeitet die Phänomenologie heraus, was im Spiel des Gründe-Gebens wirklich passiert: Wie erfahren wir Begründungen? In welchen Kontexten stehen sie? Was heißt es für das eigene Selbstverständnis, Begründungen zu liefern? Und wenn Gründe immer in relationalen Bezügen und politischen Horizonten situiert sind, wie lassen sich Begründungen dann beurteilen?

**Der Phänomenologe Samuel IJsseling (1932–2015) liefert einige Ansatzpunkte für eine Phänomenologie der Gründe.** Dabei bezieht sich IJsseling auf den klassischen Widerstreit zwischen Philosophie und Rhetorik (→ 1.1). IJsseling greift auf die rhetorikaffinen Denkansätze seit Aristoteles zurück, die die Rhetorik nicht als Manipulation, sondern als Lehre von der Überzeugungskraft ansehen: Die Rhetorik möchte ein realistisches Wissen um echte Überzeugungskraft zusammentragen (vgl. Posselt/Hetzel 2023). Insofern ist sie eine wichtige Dialogpartnerin, um phänomenologisch zu erläutern, wie uns Begründungen gegeben sind und wie sie ihre Wirkungen entfalten:

> [Die Rhetorik] richtet ihren Blick [...] auf die argumentativen Strukturen [...]. Dabei ist jedoch zweierlei zu beachten. Erstens darf die Rhetorik nicht auf eine Art von Argumentationstheorie reduziert werden. Man braucht nur [...] irgendeine traditionelle Abhandlung über Rhetorik zur Hand nehmen, um zu erkennen, daß hier nicht allein vom Argumentieren die Rede ist, sondern auch von Macht und Autorität, von Begierde und Vertrauen. Zweitens dürfen die Strukturen der Argumentation keinesfalls auf logische oder quasi-logische Argumente zurückgeführt werden. Zur tatsächlichen Argumentationsstruktur [und] Überzeugungskraft eines Textes [...] gehören auch der Platz inmitten anderer Texte, die Autorität, die Einheit, Identität und Authentizität, die ihm zugeschrieben werden – und ebenso der Platz, die Einheit, die Identität, Vertrauenswürdigkeit und anderes mehr, das dem Autor zugeschrieben wird. (IJsseling 1982, 71)

Reden und Texte sind sozusagen keine Flaschenpost, die uns argumentative und konzeptuelle Inhalte in transparenter Verpackung übermittelt. Aus phänomenologischer Warte blendet die Reduktion eines Arguments auf sein logisches Skelett all jene Horizonte aus, die daran mitwirken, es für uns überzeugend zu machen. Das heißt nicht, dass die Logik irrelevant ist – sie ist für viele wissenschaftliche Praktiken von unschätzbarem Wert –, aber sie allein erklärt nicht, wie ein Gedankengang Überzeugungskraft entfaltet. So ist jede Begründung auf sogenannte „operative Begriffe" angewiesen, d. h. auf Worte, die wir in unseren Begründungen verwenden, ohne sie zu definieren. Wollten wir jedes Wort in unserer Argumentation definieren, würde uns das in einen unendlichen Regress führen. Denn wir müssten dann die Worte, die wir in unseren Definitionen verwenden, ihrerseits definieren usw. Irgendwann müssen wir uns auf das Implizite verlassen, ansonsten könnten wir überhaupt keine Begründung vorbringen. Das Ensemble operativer Begriffe, auf das wir zurückgreifen, fungiert als impliziter Horizont, der Begründungen ermöglicht, während er absolute Explikation verunmöglicht.

Ebenso entscheidend für das Gelingen von Begründungen ist nach IJsseling das Feld der Stilistik. Der Stil, in dem wir sprechen und schreiben, beeinflusst die Substanz unserer Begründungen. Das zeigt sich

u. a. daran, dass sich die Antagonismen zwischen unterschiedlichen Theorieschulen immer auch in stilistischen Differenzen niederschlagen. Stil trägt zur Identitätsstiftung bei und fungiert als machtvoller Ein- und Ausschlussmechanismus, der auch für Kanonbildungsprozesse entscheidend ist. So vertieft sich jemand, der in der analytischen Tradition geschult ist, mit Genuss in formale Beweisgänge, während er einen heideggernden Text als (schlechte) Literatur zur Seite legen wird. Insofern sind selbst „ein mehr oder weniger streng logisches Vorgehen oder eine mehr oder weniger formalisierte Schreibweise [...] Fragen des Stils“, sodass der Stil „bestimmend [ist] für das, was [...] zur Sprache kommen kann und was nicht, für die Stärke und Schwäche eines Textes, das heißt für seine Bedeutung“ (IJsseling 1982, 72). Dabei ist der Stil nicht einfach eine Frage persönlicher Vorlieben, sondern ein gesellschaftliches Dispositiv, das im Rahmen von Institutionen reproduziert und festgeschrieben wird. So ist z. B. ein wissenschaftlicher Stil notwendig, damit ein akademischer Text von Verlagen und Gutachter:innen akzeptiert wird. Dabei handelt es sich um Verknappungssysteme, die die Vorgaben des Angemessenen und die Grenzen des Sagbaren festlegen.

Fundamentalismen und Antifundamentalismen gehen gleichermaßen davon aus, dass Begründungen sich aus den Kontexten, in die sie eingebettet sind, herauslösen lassen. Sie unterscheiden sich nur darin, ob sie das begrüßen oder ablehnen. Eine Phänomenologie der Gründe zeigt dagegen, dass man Begründen nicht als ‚Einzementieren‘ oder ‚Außer-Streit-Stellen‘ verstehen darf. Im Gegenteil meint Begründen immer auch, dass das, wofür man argumentiert, strittig ist. Für etwas, das absolut evident oder unumstößlich wäre, müsste man keinerlei Gründe geben. Wer begründet, setzt sich möglicher Widerrede und Kritik aus, was auch die postfundamentalistische Unterscheidung zwischen Begründungen und Letztbegründungen unterstreicht: Die Praxis argumentativer Begründung affirmiert *als* Praxis Streit und Konflikt.

Davon ausgehend lässt sich fragen, welche Kriterien sich unter postfundamentalistischen Vorzeichen in Anschlag bringen lassen, um sich in der konflikthaften Praxis des Begründens zu orientieren. Dabei ist es für den Postfundamentalismus keine Option, sich auf ein Idealmodell wie Habermas' „ideale Sprechsituation“ zu beziehen, in der der Sinn von Wahrheit und Rationalität vorweg geklärt ist. Vielmehr ist der Begriff von Wahrheit selbst umstritten und innerhalb spezifischer Kontexte situiert. Insofern wirkt sich, wie die feministische Theoretikerin Linda Martín Alcoff unterstreicht, das „‚Sprachritual‘ [...], in dem eine Aussage verortet wird, […] immer auf die Bedeutung und Wahrheit aus, so dass es unmöglich ist, die Positionalität, die Verortung oder den Kontext als irrelevant für den Inhalt zu erklären" (Alcoff 1991, 23). Daher reicht es auch nicht zu „fragen, ob die Sprecherin ausreichend nachgeforscht hat oder nicht, um ihre Behauptung zu begründen. Angemessene Nachforschung wird eine notwendige, jedoch keine hinreichende Bedingung der Bewertung sein." (Alcoff 1991, 23 f.) Intellektuelle Tugenden wie Redlichkeit, Gewissenhaftigkeit und kritische Selbstprüfung spielen eine wichtige Rolle, aber zudem muss man sich stets fragen, welche ethische und politische Wirksamkeit ein Begründungsakt hat, welche Anschlüsse und Folgeschritte er ermöglicht und verunmöglicht, wer damit zum Sprechen gebracht, was darin sichtbar und unsichtbar gemacht wird und welche Machtverhältnisse, Autoritätsbeziehungen und Begehrensdispositionen darin aufgerufen werden. Zudem werden in allen Begründungspraktiken implizit bestimmte Lebensformen, Selbstverständnisse und Beziehungsweisen nahegelegt. Wenn kein Grund ein letzter Grund, mithin kein Wort das „letzte Wort" über ein Thema ist, dann kann der Wert oder die Stärke einer Begründung nicht anhand eines Kriterien-, sondern eher anhand eines Fragenkatalogs ermessen werden: Welche Form sozialer und politischer Ordnung lässt ein Begründungsakt plausibel erscheinen? Welche Themen und Konflikte rücken in den Fokus, welche werden zurückgestellt? Welche Aus- und Einschlüsse werden produziert? Damit wird eine Kritik und Bewertung von Begründungsansprüchen möglich, ohne die postfundamentalistische Einsicht in die Unmöglichkeit der Letztbegründung zu unterlaufen.

Der postfundamentalistische Realismus des Begründens macht die historischen, sozialen und politischen Horizonte sichtbar, in denen Begründungen situiert sind und Bedeutung gewinnen. Dabei ist es auch eine Sache ethisch-politischer Verantwortlichkeit, wie diese Horizonte in der eigenen Begründungspraxis orchestriert werden. Macht und Autorität lassen sich nicht wegdefinieren, indem man ein Idealmodell „herrschaftsfreier Kommunikation" veranschlagt, ohne das Begründen selbst wegzudefinieren. Macht ist aus der realen Konstitution sozialer Räume nicht wegzudenken, und das lässt sich, wie wir im Folgenden sehen werden, ebenfalls phänomenologisch zeigen.

**Die feministische Phänomenologin Sara Ahmed (*1969) lotet die Strukturen der Macht und Herrschaft aus, die in die grundlegenden Architekturen des Sozialen eingebaut sind.** In ihrer *Queer Phenomenology* (2006) arbeitet Ahmed im kritischen Dialog mit der klassischen und nachklassischen Phänomenologie heraus, dass unser Leben auf der basalsten leiblichen Erfahrungsebene vermachtet ist. Wie wir gesehen haben, geht Heidegger in seinem Werkstatt-Beispiel davon aus, dass die normalbetriebliche Arbeit so lange ungestört vonstatten geht, wie die Gegenstände, mit denen wir werkeln, intakt bleiben. Dagegen zeigt Ahmed, dass das nur auf bestimmte Subjekte zutrifft. Die ganze Beschaffenheit der Gegenstände sowie die spezifische Räumlichkeit der Werkstatt machen es manchen Subjekten leichter als anderen, sich dort zu Hause zu fühlen und zu orientieren. Räume und Ensembles von Gegenständen geben Orientierung – aber nur, wenn wir zu diesen Räumen und Ensembles ‚passen'. Ahmed erläutert das, indem sie fragt: Was, wenn der Hammer nicht bricht, sondern wenn die Störung dadurch auftritt, dass der Hammer für uns zu schwer ist? Die Praxis kommt dann nicht durch die Brüchigkeit der Gegenstände ins Stocken, sondern indem klar wird, dass wir gar nicht ‚gemeint' oder ‚vorgesehen' sind als jemand, der sich in diesem Raum bewegen sowie die in ihm enthaltenen Gegenstände und Möglichkeiten ergreifen könnte. Diese Überlegung lässt sich verallgemeinern: Wenn das Arbeiterkind an der Universität ein Referat hält, wenn alte Menschen sich in virtuelle Räume vorwagen, wenn Frauen im Fitnesscenter begafft werden, wenn eine Rollstuhlfahrer:in von einer Schwelle gestoppt wird oder wenn ein schwarzer Mensch einen ‚weißen' Raum betritt, dann erfahren sich diese Subjekte als *out of place* und bekommen zu spüren, dass diese Räume, mit all den Möglichkeiten, die sie anbieten, nicht für sie gemacht sind.

Während Heidegger davon ausgeht, dass die ontische Alltagspraxis die traumatische Konfrontation mit dem Sein verhindert, erweist sich für feminisierte, rassifizierte und von anderen Diskriminierungsmustern betroffene Subjekte bereits diese alltägliche Ordnung als „desorientierend", so Ahmed. Analog haben Vertreter:innen der Disability Studies gezeigt, wie die architektonische Ordnung des öffentlichen Raums Menschen mit körperlichen Behinderungen die Möglichkeit vorenthält, sich flüssig zu bewegen und im Raum zu orientieren.[27] Es sind dann nicht seltene Momente der Störung, in denen die Grundlagen brüchig werden und wir uns gewaltvoll auf unser Sein zurückgeworfen finden, sondern die ganze Welt bekommt einen abgründigen Charakter, wird gleichsam zu einer schiefen Ebene oder einem Minenfeld:

> Der Grund, auf dem wir stehen, ist nicht neutral: Er gibt einigen mehr Grund als anderen. Desorientierung entsteht, wenn wir keinen Grund

> mehr haben, auf dem wir stehen können, d.h. wenn der „Grund" selbst ins Wanken kommt und das erschüttert, was sich „auf" dem Grund versammelt. [...] Desorientierung verweist darauf [...], wie Objekte versammelt werden, um einen Grund zu schaffen oder eine Grundlage zu errichten. (Ahmed 2006, 160)

Die Etablierung von Grundlagen geht immer mit Exklusionen einher. Grundlagen fungieren nur für bestimmte Subjekte *als* feste Grundlagen, um sich in der Welt zu orientieren. Für andere führen diese Grundlagen zu einer Situation existenzieller Desorientierung. Dabei versteht Ahmed das Moment der Desorientierung nicht nur defizient, sondern auch als Ausgangspunkt emanzipatorischer Politik. Den „straighten Räumen", die weißen, männlichen, heterosexuellen usw. Menschen Orientierung geben, setzt Ahmed „queere Plattformen" entgegen, welche jenen Reorientierung und (prekäre) Fundamente geben, die sich in den hegemonialen Räumen nur „deplatziert" fühlen können: „Queere Plattformen unterstützen nicht nur unser Handeln, sondern das Handeln, das sie unterstützen, zielt darauf ab, Grundlagen zu verschieben oder neue Grundlagen zu schaffen, um in eine andere Richtung gehen zu können" (Ahmed 2006, 160). Die (Neu)Gründung kommt als emanzipatorischer politischer Akt in den Blick. Nach Ahmed muss eine Praxis gegenhegemonialer Gründung an den desorientierenden Erfahrungen der Unterdrückung und Marginalisierung ansetzen. Die Neugründung vollzieht sich im Namen des Begehrens, Horizonte der Freiheit, der Gleichheit und der Solidarität für jene zu erschließen, deren Ansprüche in der gegebenen Ordnung nicht gehört werden.

*tl;dr*

Eine Phänomenologie der Gründe fragt, wie Begründungen und Argumente Überzeugungskraft entfalten. Damit wendet sie sich sowohl gegen den rationalistischen Versuch, Begründungspraktiken von allen Momenten der Macht freizuhalten, als auch gegen die Reduktion des Begründens auf ein bloßes Machtspiel. Vielmehr zeigt sie, wie Begründungen innerhalb geschichtlicher, sozialer und politischer Kontexte für uns relevant werden. Damit verweist sie zugleich auf den Konnex zwischen Begründung und politischer (Neu)-Gründung. Wenn Macht in die fundamentalen Architekturen des Sozialen eingeschrieben ist, müssen emanzipatorische Neugründungen an den Exklusionsmustern gegebener Grundlagen ansetzen, da diese nur für bestimmte Subjekte als feste Grundlagen fungieren, während sie andere desorientieren.

## 4.3 Das Paradox der Institution

Eine Phänomenologie der Gründe zeigt, dass man von Begründungen weder zu viel noch zu wenig erwarten darf. Man darf weder (fundamentalistisch) erwarten, irgendwann auf einen letzten Grund zu stoßen, der jeden Streit um Grundlagen beendet. Noch darf man das Begründen (antifundamentalistisch) als Machtspiel zur Durchsetzung der eigenen Position abtun. Anstatt das Begründen zu ‚entlarven', macht die Phänomenologie mit dem Hinweis auf die historischen, sozialen und politischen Horizonte, die Begründungen Bedeutung geben, all das sichtbar, was im Begründen mit im Spiel ist. Insofern lässt sich von einer produktiven Aporie des Begründens sprechen: Unsere soziale Begründungspraxis lebt davon, dass Begründungen notwendig und Letztbegründungen unmöglich sind. Wie sich mit Ahmed angedeutet hat und wie wir in der Folge mit Hannah Arendt und Jacques Derrida genauer sehen werden, ist das Widerspiel von Unverzichtbarkeit und Unmöglichkeit der Grundlegung politischer Gemeinwesen eingeschrieben.

**Hannah Arendt (1906–1975) legt eine Phänomenologie des Politischen vor, in deren Zentrum das Moment revolutionärer Neugründung steht.** Arendts politisches Denken ist von phänomenologischen Denkfiguren durchzogen, wobei sie sich diese kreativ aneignet und zum Teil gegen ihre ursprüngliche Intention wendet (vgl. Loidolt 2019). So ist für Arendt Heideggers Analytik menschlichen Daseins einseitig und unvollständig, da er gerade jene Charaktere vernachlässigt, die für unser *politisches* Sein maßgeblich sind. Allem voran führt Arendt dabei die politische Fähigkeit ins Treffen, kollektiv einen Neubeginn zu stiften.

Das politische Phänomen, in dem die Fähigkeit des Neubeginnens und der Neugründung am deutlichsten zum Ausdruck kommt, ist die Revolution. Ihr hat Arendt mit *Über die Revolution* (1963) eines ihrer wichtigsten Werke gewidmet. Dabei fokussiert Arendt auf die amerikanische und die französische Revolution.[28] Erst diese sieht sie, im Unterschied noch zur englischen Glorious Revolution, als Revolutionen im modernen Sinn. Unter vormodernen Bedingungen ließen sich Revolutionen nicht als radikaler Neubeginn, sondern nur als Rückkehr (*re-volutio*) zu einem ursprünglichen Zustand begreifen. In einer Gesellschaft, die auf transzendenten Fundamenten – wie einer mythisch-kosmischen Ordnung oder einem göttlichen Gesetz – basiert, gibt es nichts schlechthin Neues. Die Atlantischen Revolutionen sind nicht zuletzt ontologische Revolutionen; sie revolutionieren unser Seinsverständnis, indem sie den ontologischen Grundton von Notwendigkeit auf Kontingenz umstellen. Der Verlust der Grundlagen kosmischer und göttlicher Gewissheit macht die Moderne zum „Zeitalter der Kontingenz“ (Joas 2005), lässt also die Fundamente sozialer Verhältnisse als radikal gestaltbar sehen. Die Revolution ist eine ausgezeichnete Erfahrung der Freiheit: der Freiheit, die Bedingungen des Zusammenlebens kollektiv neu zu gestalten.

Wie Arendt in ihren Analysen der revolutionären Selbstverständigungsprozesse in Amerika und Frankreich herausarbeitet, stehen die Revolutionär:innen der radikalen Freiheit und Kontingenz, d.h. dem Ungeschützten bzw. Ungedeckten ihres Neuerungswillens, ambivalent gegenüber. Sie suchen daher nach historischen Vorbildern und autorisierenden Figuren, um die Radikalität und Ereignishaftigkeit ihres Neubeginns abzuschwächen. Damit laufen sie Gefahr, so Arendt, in eine vormoderne politische Theologie zurückzufallen, die das eigene politische Handeln in eine schicksalhafte Vorsehung einschreibt. Diese Spannung zwischen autonomer Neugründung und heteronomer Unterwerfung unter eine transzendente Autorität kommt nach Arendt in der revolutionären US-amerikanischen Unabhängigkeitserklärung schlagend zum Ausdruck. Arendt verweist auf die berühmte Formulierung Thomas Jeffersons: „We hold these truths to be self-evident, that all men are created equal, that they are endowed by their Creator with certain unalienable Rights“. Diese Wendung beruft sich gerade im revolutionären Akt autonomer Gründung auf vermeintlich selbst-evidente und von Gott verbürgte Wahrheiten. Damit unterläuft sie nach Arendt das revolutionäre Begehren autonomer Neugründung:

> Jeffersons berühmte Worte „We hold these truths to be self-evident“ kombinieren […] die Tatsache der Übereinstimmung „We hold“ – die als solche […] notwendig relativ ist – mit einem Absoluten, nämlich axiomatischen Wahrheiten, die als solche keiner Übereinstimmung bedürfen, da sie zwingend evident sind, unabhängig von Beweisführungen oder politischer Überzeugungskraft. […] [S]ie [sind] im Grunde nicht weniger zwingend als […] die Offenbarungswahrheiten der Religion. […] Man hatte sich also, gerade was die Grundwahrheiten der Revolution betraf, auf etwas Absolutes *geeinigt*, was absurd ist. In Wahrheit hatte man natürlich Sätze, die keineswegs zwingend evident sind, und Meinungen, auf die man sich in der Tat einigen muß, weil sie nichts Axiomatisches an sich haben, verabsolutiert. (Arendt 1963, 248)

In der Wendung „We hold these truths to be self-evident" kommt für Arendt die Furcht der Moderne vor sich selbst zum Ausdruck. Einerseits wissen die Revolutionäre um den autonomen Charakter ihrer Neugründung, was sich am „we hold" zeigt; andererseits versuchen sie ihr eine heteronome, extern beglaubigte Form zu geben, indem sie sich auf vermeintlich selbst-evidente Wahrheiten berufen.

Nach Arendt handelt es sich dabei um eine Unaufrichtigkeit bzw. einen Anachronismus. Die Evidenzbehauptung ist eine Schutzbehauptung gegenüber der Kontingenz. Sie möchte sich dem Politischen entziehen, das in der Revolution hervorbricht. Die Unabhängigkeitserklärung ist für Arendt das Dokument einer enttäuschten Hoffnung, und zwar gerade jener Hoffnung, die uns schon bei Rorty begegnet ist: darauf, die metaphysischen Fesseln transzendenter Autorität gänzlich abzustreifen und ein neues ‚Vokabular' zu (er)finden, das sich nicht mehr hinter Göttern oder absoluten Prinzipien vor der Freiheit versteckt. Wahrheit ist für Arendt im Politischen ein Fremdkörper. Der politische Bereich muss sich von der Wahrheit freihalten, um kollektives Handeln in Freiheit zu ermöglichen:

> Vom Standpunkt der Politik gesehen ist Wahrheit despotisch; und dies ist der Grund, warum […] Regierungsformen, die den nackten Zwang nicht ertragen, mit ihr auch nicht auf bestem Fuße stehen. […] Wahrheit [stellt] einen Gültigkeitsanspruch […], der jede Debatte ausschließt, und die Diskussion, der Austausch und Streit der Meinungen, macht das eigentliche Wesen allen politischen Lebens aus. Die Formen des Denkens und der Mitteilung, die der Wahrheit gelten, werden im politischen Raum notwendigerweise herrschsüchtig (Arendt 1967, 61).

Aktuell kann man dabei an technokratische Politiken denken, die sich auf vermeintlich unpolitische Evidenzen beziehen, wie etwa die ökonomischen Gesetze des Marktes. Jede Berufung auf Wahrheit und Evidenz verlässt, so Arendt, den öffentlichen, politischen Bereich der Freiheit und zieht sich in den Bereich der Notwendigkeit zurück.

Aus diesem Grund zieht Arendt die amerikanische Revolution der französischen vor. Zwar schreckt auch die amerikanische Revolution zum Teil vor der radikalen Freiheit zurück, aber sie hält sich stärker im eigentlich Politischen als die französische. Denn die französischen Revolutionär:innen wollen nicht nur politische Freiheit verwirklichen, sondern zugleich das soziale Elend der Massen beseitigen. Damit begeben sie sich, so Arendt, auf ein Terrain, auf dem Freiheit nicht gedeihen kann. Das Elend des Hungers zu stillen ist ein Teil unserer Existenz als Naturwesen, die der Notwendigkeit der Naturzwänge ausgeliefert sind. Erst wenn die Freiheit von Not gesichert ist, erschließt sich die eigentliche, *politische* Freiheit gemeinsamen Handelns.

Damit blendet Arendt auf problematische Weise den Umstand aus, dass die amerikanischen Revolutionäre sich nur deswegen auf das ‚rein Politische' konzentrieren konnten, weil sie das Elend der schwarzen Sklaven ignorierten. Sie übersieht auch, dass die beziehungshafte Sorge um zwischenmenschliche Bedürfnisse sowie die Frage, wie diese Sorge gesellschaftlich und demokratisch zu organisieren ist, einen Einsatzpunkt politischer Artikulation darstellen kann (→ 3.1). Bei allem Begehren nach Autonomie und politischer Freiheit reproduziert Arendt damit die klassische Unterscheidung zwischen Freiheit und Notwendigkeit bzw. zwischen dem Raum der Gründe und dem Raum der bloßen Ursachen. Insofern bleibt zweifelhaft, ob sich der Ausschluss des Notwendigen und des Absoluten tatsächlich als ein derart reiner Schnitt vollziehen kann, wie Arendt meint.

**Der französische Philosoph Jacques Derrida (1930–2004) legt eine Lektüre der US-amerikanischen Unabhängigkeitserklärung vor, die den aporetischen Charakter der Gründung herausstreicht.** Anders als Arendt geht Derrida in seinem Text „Unabhängigkeitserklärungen" (1976) nicht davon aus, dass Jefferson mit seiner Formulierung ein vermeidbarer Fehler unterlaufen ist. Vielmehr ist, wie Derrida argumentiert, der Clash zwischen Freiheit und Notwendigkeit bzw. zwischen dem performativen und dem konstativen Aspekt der Deklaration unverzichtbar für das Gelingen der Neugründung, ja er markiert sogar ein wesentliches Merkmal alles Politischen.

Im Zentrum von Derridas Argumentation steht der Befund, das die Unabhängigkeitserklärung einen paradoxen bzw. aporetischen Sprechakt vollzieht. Die Aporie der Gründung besteht darin, dass das amerikanische Volk, das seine Unabhängigkeit erklärt, erst durch den Akt der Unterzeichnung als Subjekt der Deklaration hervorgebracht wird:

> Das Wir, das in der Erklärung spricht, spricht „im Namen des Volkes". Aber dieses Volk existiert nicht, nicht vor dieser Erklärung, nicht als solches. Durch jene Unterzeichnung bringt es sich als freies und unabhängiges Subjekt, als möglichen Unterzeichner zur Welt. Die Unterschrift erfindet den Unterzeichner. (Derrida 1976, 14)

Die Existenz des Volkes als freie und unabhängige Gemeinschaft wird durch die Erklärung zugleich vorausgesetzt (nur ein freies Subjekt kann die Erklärung unterschreiben) und allererst ins Leben gerufen (nur ein unabhängiges Subjekt kann frei sein). Gerade das Oszillieren zwischen Konstativem und Performativem ist für das Gelingen der Deklaration entscheidend: Die Erklärung schafft eine Tatsache, die Existenz des amerikanischen Volkes, indem sie sie als bereits bestehend beschreibt. Diese Aporie steht für Derrida am Ursprung jeder Institution und Gemeinschaft; die „Unentscheidbarkeit zwischen einer […] performativen und einer konstativen Struktur ist notwendig" (Derrida 1976, 13).

Während Arendt die konstativen Aspekte der Deklaration als Anachronismus ansieht, argumentiert Derrida, dass jeder Neugründungsakt auf die Aporie von Konstativem und Performativem angewiesen ist. Die Temporalität des Gründungsereignisses ist das *futurum exactum*. Das amerikanische Volk sagt in der Deklaration nicht so sehr ‚Wir sind ein Volk', sondern ‚Wir werden (hier und jetzt) ein Volk gewesen sein'. Das Volk muss im Moment der Selbstermächtigung auf eine Zukunft vorgreifen, in der es als Unterzeichner einer Deklaration anerkannt ist:

> Unterzeichnend sagt das Volk – und tut, was es zu tun sagt […]: Fortan habe ich das Recht zu unterzeichnen, mithin werde ich es schon gehabt haben, da ich es mir ja gegeben habe. Ich habe mir einen Namen und eine Unterschriftsvollmacht gegeben. Doch dieses futurum exactum, die für diesen Rechtsstreich (so wie man Gewaltstreich sagt) passende Zeitform, darf nicht erklärt, erwähnt, in Rechnung gestellt werden. Es ist, als existiere es nicht. (Derrida 1976, 14)

Mit dem Begriff des „Rechtsstreichs" macht Derrida darauf aufmerksam, dass in jedem Grundlegungsakt Recht und Gewalt ungeschieden sind. Der Gründungsakt stiftet Recht, seine Rechtmäßigkeit kann daher nur nachträglich beglaubigt werden: „Der Gewaltstreich macht und gründet Recht, gibt Recht, er bringt das Gesetz zur Welt." (Derrida 1976, 14) An anderer Stelle spricht Derrida von einer „transzendentalen Gewalt" (Derrida 1967, 179). Institutionen, Rechtsordnungen und Gemeinwesen gehen auf Setzungsakte zurück, die gewaltsam sind, insofern sie sich nicht auf eine bestehende Autorität berufen können, sondern die Bedingungen ihrer Legitimität mit-setzen.

Während Arendt in Jeffersons Wendung „We hold these truths to be self-evident" einen Widerspruch erkennt, der die Radikalität revolutionärer Freiheit durch den Bezug auf eine transzendente Autorität unterläuft, handelt es sich für Derrida um eine produktive Aporie, ohne die keine politische Stiftung und Gründung möglich wäre. Insofern wird die ‚Wahrheit' über die Gleichheit der Menschen nicht bloß konstatiert, sondern performativ ins Werk gesetzt (vgl. Posselt/Seitz 2023). Arendts (und Rortys) Begehren einer absoluten Säkularisierung, die *tabula rasa* macht und das Vokabular der Metaphysik verabschiedet, ist unmöglich, weil bereits dieser Wunsch das Absolute und Unbedingte erneut in Anspruch nehmen muss. Nach Derrida ist ein solches Reinigungsverfahren keine ernsthafte Option. Vielmehr ist es im Namen von Freiheit und Gleichheit erforderlich, die hergebrachten Konzepte neu einzuschreiben und gegen sich selbst zu wenden. Wer reinen Tisch machen möchte, gibt die Widerstandspotentiale aus der Hand, die in den hegemonialen Sinnarchitekturen angelegt sind.

In dieser Stoßrichtung macht Derrida geltend, dass sogar die klassischen Marker der Gewissheit und des Absoluten *in sich selbst* gegenläufige Momente enthalten. In seinem zentralen rechtsphilosophischen Werk *Gesetzeskraft* (1991) zeigt Derrida das am Begriff der Gerechtigkeit auf. Im Gerechtigkeitsbegriff sind Potentiale zur Subversion bestehender Ordnungen angelegt, und zwar nicht so sehr deswegen, weil wir eine bestehende Rechtsordnung an einer bestimmten Idealvorstellung von Gerechtigkeit messen können. Vielmehr weist Gerechtigkeit *als Anspruch* über jedes kodifizierte Recht und Gesetz hinaus. Derrida erläutert das anhand seines berühmten Richter-Beispiels. Er fragt: Unter welchen Voraussetzungen nennen wir das Urteil einer Richter:in „gerecht"? Derrida zeigt auf, dass dabei zwei einander widersprechende Bedingungen im Spiel sind. Einerseits würden wir kein Urteil gerecht nennen, in dem die Richter:in einfach willkürlich nach eigenem Gutdünken entscheidet; wir erwarten, dass sie sich auf anerkannte Regeln, Normen und Verfahrensweisen stützt. Wenn die Richter:in diese allerdings nur mechanisch, wie ein Urteilsautomat anwendet, würden wir genauso wenig von einem gerechten Urteil sprechen. Gerechtigkeit erfordert einen Akt aus Freiheit und Verantwortung. Ein gerechtes Urteil darf die Normen nicht nur anwenden, sondern muss sie im Namen der Gerechtigkeit und unter Rücksicht auf den einzelnen Fall affirmieren:

> Damit eine Entscheidung gerecht und verantwortlich sein kann, muß sie […] einer Regel unterstehen und ohne Regel auskommen. Sie muß das Gesetz erhalten und es zugleich so weit zerstören oder aufheben, daß

> sie es in jedem Fall wieder erfinden und rechtfertigen muß; sie muß es zumindest in dem Maße wieder erfinden, indem sie erneut sein Prinzip frei bestätigen und bejahen muß. Jede[] […] Entscheidung ist verschieden und bedarf einer vollkommen einzigartigen Deutung, für die keine bestehende, eingetragene, codierte Regel vollkommen einstehen kann (Derrida 1991, 47 f.).

Vor diesem Hintergrund steht Gerechtigkeit nicht für ein Legitimationsprinzip des Bestehenden, sondern für einen Anspruch, der über das Recht und die etablierte Ordnung hinaustreibt. Daher bezeichnet Derrida sein eigenes philosophisches Projekt als De*kon*struktion: Eine reine ‚Destruktion', die vollständig mit dem Hergebrachten bricht, würde uns nicht von den überkommenen Autoritätsfiguren befreien, sondern uns im Gegenteil aller Ressourcen der Kritik und der Subversion berauben, um bestehende Macht- und Herrschaftsverhältnisse in Frage zu stellen. Es wäre dann nur eine Frage der Zeit, bis das Verdrängte machtvoll wiederkehrt.

Die Aporie der (Neu)Gründung lässt sich auch am ersten Artikel des deutschen Grundgesetzes „Die Würde des Menschen ist unantastbar" verdeutlichen. Nicht anders als im Falle der amerikanischen *self-evident truths* wird auf ein Absolutes, auf die Unantastbarkeit der Menschenwürde Bezug genommen (vgl. Menke/Pollmann 2017, 129–66, insbes. 151 f.). Der historische Horizont, vor dessen Hintergrund dieser Sprechakt vollzogen wird, ist der industrielle Massenmord der Nationalsozialisten an den europäischen Juden. Faktisch wird die Menschenwürde „jeden Tag angetastet" (Schirach 2014), und das Bewusstsein dieser extremen Verletzlichkeit gibt dem Satz gerade seinen politischen Sinn. Der vermeintliche Widerspruch, dass man sich „auf etwas Absolutes *geeinigt*" hat, ist aus dieser Perspektive gerade nicht „absurd", wie Arendt (1967, 248) meint. Absurd wäre vielmehr umgekehrt, wenn im Grundgesetz etwas stünde wie ‚Wir, sprich die meisten von uns, halten es für ziemlich plausibel, dass die Menschenwürde nicht angetastet werden sollte, zumindest solange uns nicht jemand mit triftigen Argumenten vom Gegenteil überzeugt.' Das würde nicht nur den Bereich des Sagbaren für jede rassistische und menschenverachtende Hetzrede öffnen (‚man wird ja noch laut denken dürfen'). Mehr noch, man würde damit das Unabgegoltene, das im absoluten Anspruch der Menschenwürde angelegt ist, emanzipatorischen Politiken aus der Hand reißen, die sich darauf berufen können, um die gegebenen Verhältnisse in Frage zu stellen.[29] Wie Jacques Rancière (2017) argumentiert, hat die Allgemeine Erklärung der Menschenrechte denselben Sinn. Sätze wie „Alle Menschen sind frei und gleich an Würde und Rechten geboren“ sind nicht ‚falsch‘, weil oder sofern unfreie und ungleiche Zustände herrschen. Vielmehr fungieren sie als Ressourcen der (Re)Politisierung, um Unfreiheit und Ungleichheit *als* Unrecht anzuklagen.

**Die Aporie der Gründung macht deutlich, dass Grundlagen stets „kontingente Grundlagen“ sind, die für die Artikulation radikaler emanzipatorischer Forderungen unverzichtbar sind.** Der Begriff kontingenter Grundlagen stammt von Judith Butler. In ihrem Text „Kontingente Grundlagen“ (1995) reagiert sie auf die damals weit verbreitete Kritik am sogenannten „Postmodernismus“, dass dieser alle Grundlagen wissenschaftlicher Evidenz und politischer Handlungsfähigkeit untergrabe. Dabei weist Butler nicht nur das abfällige Label „Postmoderne“ zurück, sondern argumentiert, dass Widerstand gegen bestehende Herrschaftsverhältnisse eine kritische Auseinandersetzung und Aneignung von Grundlagen erfordert:

> Es geht nicht darum, alle Grundlagen (*foundations*) zu verwerfen oder auch nur eine Position zu verfechten, die unter dem Namen „*Anti-Foundationalism*“ daherkommt. Vielmehr gehören diese beiden Positionen zusammen, sofern sie nur zwei verschiedene Spielarten einer sich auf normative Grundlagen berufenden Position (*foundationalism*) und der von ihr erzeugten Problematik des Skeptizismus sind. Die Aufgabe besteht eher darin zu fragen, was durch den theoretischen Schritt, Grundlagen festzulegen, *autorisiert* und was ausgeschlossen oder verworfen wird. (Butler 1995, 37)

Butler unterstreicht damit, dass das Untergraben von Fundamenten kein Selbstzweck ist. Vielmehr ist das Feld der Grundlegung ein Feld permanenten Konflikts, und aus der Perspektive emanzipatorischer Theorie und Politik kommt es darauf an zu fragen, welche Ausschlüsse und Verwerfungen in spezifischen Grundlegungsversuchen am Werk sind und wem eine Grundlegung eigentlich als (stabile) Grundlage dient – ein Motiv, das wir von Sara Ahmed kennen (→ 4.2). Aus dieser Sicht ist Kontestierbarkeit kein Manko von Grundlagen, wie ein Fundamentalismus meint, für den sich das begehrte ‚absolute‘ Fundament nicht mehr bestreiten lässt. Formulierungen wie „Die Würde des Menschen ist unantastbar" rechnen mit dieser Kontestierbarkeit und bieten sich als Bezugspunkte an, um gegebene Verhältnisse in Frage zu stellen.

Fundamentalismen und Antifundamentalismen gehen davon aus, dass es, um im Vokabular des Pragmatismus zu sprechen, nur eine einzige ‚Gebrauchsweise' von Grundlagen gibt: das Einzementieren bestehender Verhältnisse. Die Idee kontingenter Grundlagen – genauso wie Derridas Idee einer Gerechtigkeit, die über das bestehende Recht hinaustreibt – macht darauf aufmerksam, dass es eine ganze Reihe unterschiedlicher, oftmals aporetisch verstrickter Gebrauchsweisen von Grundlagen gibt. Sie können als Platzhalter transzendenter Autorität fungieren, aber auch als Schauplätze der Kontestation; als Exklusionsdispositive, aber auch als politische *Rallying Points*; als Garanten der Ordnung, aber auch als Bezugspunkte ihrer Subversion. Dabei ‚autorisieren' verschiedene Grundlagen unterschiedliche Verhältnisse und Praktiken, und eine kritische Auseinandersetzung mit Grundlagen muss die politischen Ausrichtungen dieser Autorisierungen in Rechnung stellen.

*tl;dr*

Hannah Arendt stößt in ihren Überlegungen zur Revolution auf ein Paradox politischer Institution: Die Neugründung ist ein autonomer und performativer Akt, gibt sich aber zugleich eine heteronome und konstative Form, die kontrafaktisch Selbstverständlichkeit unterstellt. Jacques Derrida zeigt, dass sich diese Spannung nicht auflösen lässt. Vielmehr handelt es sich um eine produktive Aporie, ohne die keine politische Stiftung und Gründung möglich wäre. Die Etablierung von Grundlagen ist unmöglich und gleichzeitig unverzichtbar. Insofern sind die Fundamente unseres Gemeinwesens stets ‚kontingente Grundlagen'.

5

# Politiken des (Ent)Gründens

*Dieses Kapitel bietet einen Überblick über postfundamentalistische Politik- und Demokratieverständnisse. Für postfundamentalistische Ansätze lautet die zentrale demokratietheoretische Frage, ob und wie eine demokratische Ordnung angesichts der Einsicht in die Unmöglichkeit finaler Begründungen zu gestalten ist. Postfundamentalistische Politiken reichen von solchen der Entgründung, die auf das Moment der Unterbrechung und Subversion von Ordnung fokussieren und Praktiken der Abschaffung bzw. Befragung bestehender Institutionen ins Zentrum stellen (Angela Y. Davis, Jacques Rancière, Sheldon Wolin) (5.1), über Politiken periodischen Gründens, die die Unabschließbarkeit und Revisionsoffenheit des Gründungs- und Ordnungsprozesses betonen (Miguel Abensour, Claude Lefort, Andreas Kalyvas, Bonnie Honig) (5.2), bis hin zu Politiken hegemonialen Gründens, die sich der Fundierung und (provisorischen) institutionellen Verstetigung demokratischer Praxis zuwenden (Chantal Mouffe, Ernesto Laclau) (5.3).*

Die postfundamentalistische Einsicht in die Unmöglichkeit einer Letztbegründung hat Konsequenzen für das Politik- und Demokratieverständnis. Wie wir *be*gründen, bestimmt mit, wie wir gründen. Gründe werden zu Fundamenten politischer Ordnung, wenn sie eine autorisierende Funktion annehmen. Seit Platon gehen rationalistische Ansätze davon aus, dass wir die Frage nach der richtigen Verfasstheit politischer Ordnung (also die Frage der *Gründung*) ausgehend von einer Klärung der vorgängigen Seinsordung (also der Gültigkeit von *Begründungen*) in Angriff nehmen müssen. Nehmen wir also ein bestimmtes universell gültiges Ideal der Vernunft an, dann spiegelt sich das in der bevorzugten politischen Ordnung wider. Trotz aller Zugeständnisse an die Metaphysikkritik (→ 1.1) folgt selbst Rawls dieser Logik. Er kann von „fast gerechten" Gesellschaften sprechen, weil er sie auf Basis eines außer Streit gestellten Begriffs von Vernunft dahingehend beurteilt, wie nah sie einem Gerechtigkeitsideal kommen, das allgemeingültig sein soll.[30]

Aus postfundamentalistischer Sicht kann jeder Grund prinzipiell nur ein *vor*letzter Grund sein, das heißt einer, der immer hinterfragt, attackiert und durch einen anderen ersetzt werden kann. Das hat Konsequenzen für die autorisierende Funktion von Gründen. Im Wissen um die Unmöglichkeit einer Letztbegründung wird die Autorisierung einer politischen Ordnung als vorläufig und veränderbar verstanden. Ihre Fundamente sind gerade nicht unverrückbar, sondern kontingent. Ein postfundamentalistisches Verständnis von Gründung ist sich also zum einen dessen bewusst, dass sie auch anders hätte aussehen können. Zum anderen trägt es der Tatsache Rechnung, dass die Praxis des Gründens und Begründens nie abgeschlossen ist – weder durch den Verweis auf ein Vernunftideal als (quasi-)letzten Grund noch durch die Verabschiedung aller Gründungsanstrengungen. Jede Gründung, jedes Festlegen auf bestimmte, die politische Ordnung autorisierende Gründe, ist provisorisch und dennoch – oder gerade deswegen – nicht bedeutungslos. Postfundamentalistische Politikverständnisse entfalten den Gedanken, dass wir gründen, ohne *letzt*begründen zu können.

Die Ablehnung von Letztbegründungen und die Einsicht in die Kontingenz politischer Ordnungen ist in postfundamentalistischen Theorieansätzen mit unterschiedlichen Politik- und Demokratieverständnissen verbunden. Im Folgenden werden sie in drei Kategorien eingeordnet, die sich in Bezug auf Fragen der Dauerhaftigkeit und Institutionalisierung voneinander unterscheiden. Politiken postfundamentalistischen Gründens reichen von solchen der *Entgründung*, die das Moment der Unterbrechung und Subversion von Ordnung betonen und Praktiken der Befragung bzw. der Abschaffung bestehender Institutionen ins Zentrum stellen; über Politiken *periodischer Gründung*, die die Unabschließbarkeit und Revisionsoffenheit des Ordnungsprozesses betonen; bis zu Politiken *hegemonialer Gründung*, die das strategische Element postfundamentalistischer Politik hervorheben und Gründungsprozesse als Prozesse strategischer Allianzenbildung verstehen.

Dabei wird die Nähe postfundamentalistischer Ansätze zu Theorien radikaler Demokratie besonders deutlich. Viele der im Folgenden besprochenen Autor:innen und Ansätze zielen nicht nur darauf ab, die Aufgabe von Politik zu erläutern, sondern fragen danach, was *demokratische* Politik ausmacht. Manche gehen sogar so weit, Politik und Demokratie miteinander zu identifizieren. Allerdings sind postfundamentalistische und radikaldemokratische Theorien nicht deckungsgleich. Erstens nutzen postfundamentalistische Autor:innen auch andere Labels zur politischen Selbstbeschreibung – wie etwa Abolitionismus, Anarchismus oder Agonismus – und zweitens werden mitunter substantiell andere Ziele als die Radikalisierung der Demokratie formuliert, wie etwa eine gesellschaftliche Transformation zum Sozialismus oder Kommunismus. Denker:innen wie Angela Y. Davis, Antonio Negri, Alain Badiou, David Graeber oder Slavoj Žižek werden üblicherweise nicht zum engeren Kreis der radikalen Demokratietheorie gezählt, unterschreiben aber die Grundannahmen des Postfundamentalismus. Dennoch ist die Schnittmenge erheblich: Zwar sind nicht alle postfundamentalistischen Politikverständnisse radikaldemokratisch, aber alle radikalen Demokratietheorien knüpfen an die postfundamentalistische Einsicht in die Abwesenheit letzter Gründe an.

## 5.1 Politiken der Entgründung: Störung statt Ordnung

Politiken der Entgründung ziehen aus der postfundamentalistischen Einsicht in die Kontingenz von Gründen und politischen Ordnungen die Konsequenz, dass die Aufgabe politischer Praxis in erster Linie darin besteht, festgefahrene Fixierungen von Strukturen, gesellschaftlichen Verhältnissen und Hierarchien aufzubrechen und Kontingenz immer wieder sichtbar zu machen, wo sie machtvoll verschleiert wird. Diese Ansätze konzentrieren sich primär auf Formen des Widerstands sowie der Kritik und Subversion von Ordnungen. Dabei legen sie besonderes Augenmerk auf die Gefahr einer nicht mehr revidierbaren Verstetigung von Ausschlüssen, das heißt der Naturalisierung von Ordnung, was zu einer weitreichenden Ablehnung von Institutionalisierungsprozessen führt. Zwar wird die Existenz von Ordnungen und die Unvermeidlichkeit institutioneller Setzungen anerkannt, aber die eigentliche politische Geste ist aus dieser Sicht nicht das (sei es auch provisorische) Legen von Fundamenten, sondern das Moment der Entgründung, entweder als Abolition oder als Unterbrechung der gegebenen Ordnung.

**Angela Y. Davis (*1944), eine der zentralen Vertreter:innen des Abolitionismus, sieht die Hauptaufgabe von Politik und demokratischer Praxis in der Abschaffung repressiver Institutionen.** Abolition meint den Kampf gegen Herrschaftsstrukturen, die sich durch rassifizierte Gewalt, Ausbeutung und Unterdrückung reproduzieren. Als soziale Bewegung geht der Abolitionismus auf den Widerstand gegen die Sklaverei und Plantagenökonomie in den USA und der Karibik zurück.[31] Als politiktheoretischer Ansatz zielt der Abolitionismus darauf ab, das Fortbestehen der Sklaverei nach ihrer formalen Abschaffung in staatlichen Institutionen wie dem Gefängnis, der Polizei oder Abschiebelagern aufzuzeigen und danach zu fragen, wie sich diese Strukturen und Institutionen abschaffen lassen.

Davis widmet sich in einer Reihe einflussreicher Essays, viele davon versammelt in ihrem Buch *Are Prisons Obsolete?* (2003), der Abolition des Gefängniswesens. Ihrer Forderung, Gefängnisse abzuschaffen, anstatt sie nur zu reformieren, geht die Annahme voraus, dass jede weitreichende politische Transformation zunächst die Selbstverständlichkeit bestehender Institutionen in Frage stellen muss. Zwar ohne expliziten Rückgriff auf postfundamentalistische Terminologie und immer mit Blick auf konkrete, materielle Verhältnisse geht Davis von der Kontingenz jeder Ordnung aus. Gesellschaftliche und staatliche Hierarchien sind dem abolitionistischen Ansatz zufolge keineswegs natürlich gegeben, sondern gemacht und dienen, wie Davis mit Blick auf die politische Lage in den USA unterstreicht, häufig den Interessen des sogenannten gefängnisindustriellen Komplexes (*prison-industrial complex*). Dieser zieht seinen Profit aus dem exorbitanten Wachstum der Gefängnisbevölkerung in den letzten Jahrzehnten. Nur wenn Institutionen wie das Gefängnis als Produkte kontingenter, vermachteter Entscheidungen erscheinen, verlieren sie ihren quasi-natürlichen Status und erscheinen als potentiell abschaffbar. Abolitionismus ist also über eine soziale Bewegung und theoretische Perspektive hinaus auch eine Übung, um den politischen Vorstellungsraum zu erweitern. „Das Gefängnis wird als so ‚natürlich‘ angesehen, dass ein Leben ohne es fast unmöglich scheint.“ (Davis 2022a, 127) Insofern setzt abolitionistische Theorie und Praxis bei der postfundamentalistischen Einsicht in die Kontingenz von Ordnungen an, die gleichzeitig auf das emanzipative Potenzial alternativer Ordnungen hinweist.

In erster Linie hat der Abolitionismus ein negatives Ziel: die Abschaffung repressiver Institutionen, die die Kontinuität der Sklaverei bis heute fortschreiben. Aber bereits W.E.B. Du Bois, der den Begriff der abolitionistischen Demokratie (*abolition democracy*) geprägt hat (Du Bois 1935, 184), fasst nicht nur die Beseitigung von Unterdrückungsstrukturen ins Auge, sondern auch den Aufbau neuer, gerechterer Formen des Zusammenlebens. Auch Davis betont, dass das abolitionistische Projekt über den Abbau strafender Institutionen hinausgeht. Der Abolitionismus hat eine konstruktive, affirmative Kehrseite. Er ergreift Partei für eine alternative Gesellschaftsform, die den Anspruch der Gerechtigkeit vom Prinzip des Strafens entkoppelt. Davis fasst diese Forderungen mit dem Begriff der Entkerkerung (*decarceration*) zusammen. Der Abolitionismus verfolgt nicht weniger als eine sozialrevolutionäre Vision. Die abolitionistische Geographin Ruth Wilson Gilmore formuliert dies folgendermaßen: „Abolitionismus setzt voraus, dass wir eine Sache ändern, nämlich alles." (Gilmore 2018) Oder in den Worten Fred Motens und Stefano Harneys:

> Was ist […] der Gegenstand der Abolition, der Abschaffung? Nicht unbedingt die Abschaffung der Gefängnisse, sondern die Abschaffung einer Gesellschaft, die Gefängnisse haben könnte, die Sklaverei haben könnte, die den Lohn haben könnte, und darum also nicht Abschaffung als Beseitigung von allem, sondern Abschaffung als die Gründung einer neuen Gesellschaft. (Harney/Moten 2013, 47)

Auf die Frage, wie eine entkerkerte Gesellschaft aussehen soll, geben die Unterstützer:innen des abolitionistischen Projekts unterschiedliche Antworten. So spricht Davis von einem „Bündel von Alternativen" (Davis 2022b, 507), das auf die Schaffung neuer Institutionen im Bildungswesen, insbesondere im Schulsystem, im Gesundheitssektor und im Justizsystem genauso abzielt wie auf die Restrukturierung zwischenmenschlicher Beziehungen abseits staatlicher Einrichtungen. Als Beispiel nennt sie kostenlose, kommunal organisierte Suchthilfeprogramme, die nicht der Justiz unterstellt sein dürfen. Eine solche Einrichtung leistet einen Beitrag zur Entkerkerung, da sie den Zugang nicht von den finanziellen Möglichkeiten der Betroffenen abhängig macht und abseits des staatlichen Strafsystems agiert. Bei dieser und vielen anderen abolitionistischen Forderungen wird die intersektionale Verbindung zu antikapitalistischen, antirassistischen und feministischen Bewegungen besonders deutlich, da Menschen *of color* und/oder solche mit niedrigem Einkommen überproportional von Strafmaßnahmen im Allgemeinen und Gefängnisstrafen im Besonderen betroffen sind.[32]

Was die Neugründung anderer Institutionen betrifft, gehen abolitionistische Theorien davon aus, dass sich nur unfertige bzw. provisorische Alternativen ins Auge fassen lassen. Der Abolitionismus bietet also keine abgeschlossene Utopie, kein fertiges Ideal einer „entkerkerten" Welt. Im Gegenteil wird er als kontinuierliches Projekt begriffen, als Prozess der Befreiung, der kein in Stein gemeißeltes Ziel hat, sondern immer weiter darauf hinarbeitet, gewaltvolle und repressive Strukturen abzubauen. Im Kontext der Gefängnisabolition formuliert Davis diese Vision folgendermaßen:

> Die Schaffung neuer Institutionen, die Anspruch auf den Raum erheben, der jetzt vom Gefängnis eingenommen wird, kann schließlich so weit gedeihen, dass diese Institutionen das Gefängnis zu verdrängen beginnen, das damit einen immer kleineren Raum in unserer sozialen und psychischen Landschaft einnehmen würde. (Davis 2022b, 506)

Abolitionismus wird damit als kontinuierliche Anstrengung verstanden, die nicht auf einen harmonischen Zustand in der Zukunft wartet, sondern freie, egalitäre und solidarische Verhältnisse und Lebensweisen im Hier und Jetzt präfiguriert, d. h. vorwegnimmt. Alltägliche Praktiken, die sich den staatlichen Gewalt- und Disziplinierungsmechanismen entziehen, wie etwa nachbarschaftliche Initiativen für kostenloses Frühstück oder selbstorganisierte Bildungsprogramme, können als Formen einer abolitionistischen Praxis interpretiert werden, die nach und nach den öffentlichen Raum besetzt und seine Beziehungsweisen radikal umstrukturiert. Dabei zielt der Abolitionismus, trotz seiner beiden Seiten – der negativ-abschaffenden und der positiv-konstruktiven –, in erster Linie auf *Ent*gründung. Denn die Grundausrichtung bleibt: Um eine neue Form des Zusammenlebens möglich zu machen, muss die alte abgeschafft werden.

**Für Jacques Rancière (*1940) bestehen Politik und Demokratie ebenfalls nicht in der Etablierung von Ordnung, sondern in ihrer Unterbrechung.** Während klassische politische Theorien auf die Strukturen und Prozeduren politischer Ordnung fokussieren, schlägt Rancière einen Perspektivenwechsel vor, um das Politische stattdessen von den Ereignissen und Akten her in den Blick zu nehmen, die die etablierte Ordnung stören. In seinem politiktheoretischen Hauptwerk *Das Unvernehmen* (1995) führt Rancière die Leitunterscheidung zwischen Polizei (*police*) und Politik (*politique*) ein. Entgegen üblicher Konventionen bezeichnet Rancière mit Polizei all die Vorgänge und Institutionen, die umgangssprachlich als Politik oder politisches System beschrieben werden. Wahlen, Gesetzgebungsprozesse, Regierungs- und

Oppositionsarbeit, kurz: all das, was die staatliche Ordnung definiert, organisiert und legitimiert, gehört in Rancières Terminologie zur polizeilichen Logik. Darüber hinaus umfasst sie ganz grundsätzlich die Zuteilung von Identitäten, Funktionen und Rollen im gesellschaftlichen Raum. Polizei ist also nicht nur das System staatlicher oder gesellschaftlicher Institutionen, sondern stabilisiert die „Ordnung des Sichtbaren und des Sagbaren" (Rancière 1995, 41).

Als Politik bezeichnet Rancière jede Praxis, die die polizeiliche Ordnung in Frage stellt und stört. Politik widerspricht der Art und Weise, in der die herrschende Ordnung bestimmten Individuen und Tätigkeiten Sichtbarkeit einräumt, während sie andere in den Bereich des Unsichtbaren verdrängt und vorgibt, was sagbar ist und was nicht. Politisch ist eine Praxis dann, wenn sie der dominanten „Aufteilung des Sinnlichen" (Rancière 1995, 36) eine andere entgegenstellt: wenn die angestammten Plätze im hierarchischen Gefüge verlassen und andere eingenommen werden; wenn vormals als unpolitisch verworfene Individuen als politische Subjekte handeln; wenn Dinge sichtbar und hörbar werden, die zuvor unsichtbar bzw. nur als Lärm wahrnehmbar waren; kurz: wenn der symbolische Raum neu geordnet wird.

> [D]ie politische Tätigkeit ist immer eine Weise der Kundgebung, die die Aufteilung des Sinnlichen polizeilicher Ordnung durch die Inszenierung einer Voraussetzung zersetzt, die ihr grundsätzlich fremd ist, diejenige eines Anteils der Anteillosen, die [...] die reine Zufälligkeit der Ordnung, die Gleichheit jedes beliebigen sprechenden Wesens mit jedem anderen beliebigen sprechenden Wesen kundtut. (Rancière 1995, 41 f.)

An dieser Passage zeigt sich, dass die Unterscheidung von Politik und Polizei mit einem anderen Gegensatz einhergeht: dem Gegensatz von Gleichheit und Ungleichheit. Gleichheit ist nach Rancière das Merkmal aller Politik. Während die Polizei Hierarchien und Identitäten festschreibt, löst die egalitäre Logik der Politik Subjekte, Tätigkeiten und Gegenstände von den Positionen, die ihnen im Rahmen der bestehenden Ordnung vermeintlich natürlich zukommen. Die politische Konfrontation der Gleichheit mit der polizeilichen Hierarchie bezeichnet Rancière mit dem Neologismus des Unvernehmens (*mésentente*). Ein Unvernehmen besteht im „Aufzeigen von Zeichen der Gleichheit in einer Welt, in der die Gleichheit nicht sichtbar ist" (Rancière 2000, 100), etwa wenn Frauen im Kontext der Suffragettenbewegung gleiche politische Rechte einfordern, obwohl sie im Rahmen der gegebenen Ordnung nicht als politische Subjekte in Betracht kommen. Um ein aktuelleres Beispiel aufzugreifen, kann man an die Proteste Geflüchteter denken, die sich im Rahmen von *refugee marches* oder *refugee tent actions* versammeln und in den öffentlichen Raum intervenieren.[33] Folgt man Rancière, dann sind diese Proteste als Akte zu verstehen, mit denen Geflüchtete gleiche Rechte und einen Status als politische Subjekte einfordern und vorwegnehmen, der ihnen im Rahmen der gegenwärtigen Rechtslage verwehrt wird. Nur ein solches konfrontatives Aufzeigen von Zeichen der Gleichheit unter Bedingungen der Ungleichheit kann für Rancière als radikaler Bruch mit der Ordnung gelten. Gleichheit wird nicht von polizeilicher Seite eingeräumt, z. B. durch eine Integration in die bestehende Ordnung, sondern im Konflikt mit ihr beansprucht und inszeniert. „Anteillose", also Existenzen, die innerhalb der bestehenden Ordnung nicht als politische Subjekte anerkannt sind, verlangen nicht einfach den ihnen zustehenden Anteil, sondern hinterfragen durch ihr Sprechen und Handeln die Aufteilung selbst. Damit offenbaren sie die Kontingenz und Veränderlichkeit der Ordnung. In dem Moment, in dem der politische Anspruch auf universelle Gleichheit die hierarchische Gesellschafts- und Herrschaftsordnung unterbricht, im Moment des Konflikts mit der Polizei, ereignet sich Politik – und *nur* dann.

Eine ‚politische Ordnung' kann es für Rancière folglich nicht geben, das wäre für ihn ein Widerspruch in sich. Egalitäre Ansprüche werden immer von denen formuliert, die im Rahmen der gegebenen Ordnung ohne Anteil sind. Daher lassen sich egalitäre Ansprüche nie als solche verstetigen: „Die Gleichheit schlägt in ihr Gegenteil um, sobald sie sich in einen Platz gesellschaftlicher oder staatlicher Organisation einschreiben will" (Rancière 1995, 46). Daraus folgt, dass Politik bzw. Demokratie – für Rancière handelt es sich dabei um Synonyme – keinen institutionellen Ausdruck finden kann, sondern nur im Widerspruch und Widerstand zum Bestehenden aufscheint. Politik, so hält Rancière fest, ist „wenig und selten" (Rancière 1995, 29). Ihre Logik ist die Unterbrechung, nicht die Fixierung. Das bedeutet allerdings nicht, dass Rancière keine qualitativen Unterschiede zwischen verschiedenen Ordnungen anerkennt. So gibt es für ihn durchaus „eine schlechtere und bessere Polizei" (Rancière 1995, 42). Zudem sind Politik und Polizei keine autonomen Praktiken, sondern in ständiger Interaktion, wenngleich die Frage, woran sich eine ‚bessere' Polizei erkennen lässt, konkreterer

Ausführungen bedarf.[34] Rancières Idee in diesem Zusammenhang lautet, dass eine Polizei umso ‚besser' ist, desto rückhaltloser sie sich der politischen Störung aussetzt. Dennoch bleibt auch die ‚beste' polizeiliche Ordnung, die für Veränderungen offen ist und besonders viel Raum für politische Störungen lässt, immer noch Polizei. Für Rancière folgt also aus der postfundamentalistischen Kontingenzeinsicht, dass eine Verstetigung, sei sie auch noch so aufmerksam auf ihre eigenen Ausschlüsse und Festschreibungen, nicht Aufgabe von Politik sein kann. Im Gegenteil manifestiert sich politische und demokratische Praxis im Widerstand; in der Kritik, Unterbrechung und Störung von Ordnung.

**Der Politiktheoretiker Sheldon S. Wolin (1922–2015) denkt Praktiken der Entgründung als Formen „flüchtiger Demokratie".** Für ihn lässt sich Demokratie nicht konstitutionell oder institutionell festlegen, sondern besteht in der dauerhaften Opposition zur entpolitisierenden Logik des Staates und der kapitalistischen Ökonomie. Dabei argumentiert er für ein Verständnis von Demokratie als „fugitive democracy" (Wolin 1994a). Demokratie ist demnach „flüchtig"; sie erscheint nur im widerständigen Moment der Herausforderung von Ordnung und verliert beim Versuch ihrer institutionellen Verstetigung ihren politischen Charakter, wie Wolin ausführt:

> Institutionalisierung ist ein Zeichen für die Schwächung der Demokratie: Führungsfiguren tauchen auf; Hierarchien entstehen; Experten [...] ballen sich um Entscheidungszentren; Ordnung, Prozedur und Voraussicht verdrängen eine spontanere Politik: im Nachhinein erscheint letztere als unorganisiert, ineffizient. Demokratie scheint also eher ein Moment als eine Form zu sein. (Wolin 1994a, 19)

Aufgrund ihrer anarchischen Tendenz ist jeder Versuch, Demokratie auf bestimmte Regeln, Prozeduren des Regierens und Institutionen festzulegen, nach Wolin zum Scheitern verurteilt. Demokratie ist flüchtig, da sie nur in Momenten der kollektiven Opposition und der performativen Wiederaneignung der an die Herrschenden übertragenen Macht aufscheint. Danach vergeht sie und kehrt periodisch als Artikulation von Dissens wieder. Eine als Ordnung verfasste Demokratie kann es nicht geben. Daher spricht Wolin auch von einer „*a*konstitutionellen Konzeption von Politik" (Wolin 1994b, 37).

Rancière und Wolin übersetzen das postfundamentalistische Kontingenzmotiv in eine kritische, befragende Haltung gegenüber allen

Gesten der Gründung und Etablierung von Ordnung (vgl. Flügel-Martinsen 2016). Sie sehen die Aufgabe von Politik und Demokratie nicht in der Verstetigung emanzipatorischer Ansprüche, sondern in der Subversion jeder institutionalisierten Form. Damit unterstreichen sie, dass mit Gründungen prinzipiell die Gefahr einer Naturalisierung von Ausschlüssen und Hierarchien einhergeht und legen zudem nahe, dass jeder Gründungsversuch bzw. jede Institutionalisierung demokratischer Ordnung unweigerlich ins Gegenteil umschlägt – bei Rancière in Polizei, bei Wolin in undemokratische, entpolitisierte Herrschaftsstrukturen. Von einer abolitionistischen Politik der Entgründung unterscheiden sie sich dabei in mindestens zweierlei Hinsicht: Zum einen setzen Rancière und Wolin stärker auf Konfrontation als auf Autonomie und verstehen Politik primär als Unterbrechung staatlicher Routinen statt als Aufbau alternativer Strukturen. Zum anderen erscheinen Institutionen an sich als repressiv. Während für Davis ökonomische, politische, gesellschaftliche und kulturelle Beziehungsweisen sowie staatliche Einrichtungen, die dem abolitionistischen Anspruch der Entkerkerung entsprechen, prinzipiell denkbar sind, kommt bei Rancière und Wolin jede Verstetigung dem Rückfall in Hierarchie, Ungleichheit und ‚Polizei' gleich.

*tl;dr*

Politiken der Entgründung sehen die zentrale politische und demokratische Geste im Aufbrechen bestehender Strukturen und Hierarchien. Die politische Störung der Ordnung macht ihre Kontingenz sichtbar. Ihr Fokus liegt dabei auf der Gefahr einer Verstetigung von Ausschlüssen, der stets mit Widerstand, Kritik und Subversion begegnet werden muss. Ein postfundamentalistisches Verständnis von Politik und Demokratie zeigt sich aus dieser Perspektive in der Abolition bzw. Unterbrechung von Ordnung.

## 5.2 Periodisches Gründen: Revisionsoffene Ordnungen

Ansätze *periodischen Gründens* ziehen eine andere Konsequenz aus der Einsicht in die Abgründigkeit politischer Fundamente. Während Politiken der Entgründung die Aufgabe postfundamentalistischer Politik primär in der Störung von Ordnungsstrukturen sehen, unterstreichen Miguel Abensour, Claude Lefort, Andreas Kalyvas und Bonnie Honig die Revisionsoffenheit demokratischer Ordnungen. Aus dieser Sicht ist das Gründen von Ordnung unter postfundamentalistischen Vorzeichen kein Widerspruch, solange sich jede Gründung ausdrücklich als

Provisorium versteht. Revisionsoffenheit bedeutet nicht Beliebigkeit, sondern wird als strukturelles Merkmal demokratischer Ordnungen gedacht. Die Demokratie ist aus dieser Sicht das postfundamentalistische politische Regime par excellence: Im Gegensatz zu autoritären oder totalitären Ordnungen entfachen demokratische Institutionen den Streit um die Grundlagen des Zusammenlebens immer wieder neu. Praktiken des Gründens und Begründens werden in diesen Ansätzen als Prozesse verstanden, in denen sich Phasen der Stabilisierung mit Phasen der Infragestellung abwechseln. Die Idee periodischer (Neu)Gründung wird auf verschiedene Weisen artikuliert, wobei sich die wesentlichen Unterschiede zwischen den einzelnen Ansätzen vor allem darin zeigen, wie sie den Akt der kollektiven Gründung sowie die damit verbundenen Perspektiven der Institutionalisierung bewerten.

**Miguel Abensour (1939–2017) versteht die periodische Gründung der Demokratie als zyklischen Prozess der Rückkehr zu revolutionären Emanzipationsmomenten.** Üblicherweise wird Abensour als Vertreter des radikaldemokratischen Anarchismus in einem Zuge mit Denker:innen der Entgründung wie Rancière genannt. Die martialischen Formulierungen in seinem demokratietheoretischen Hauptwerk *Demokratie gegen den Staat* (1997a) geben einer solchen Interpretation ausreichend Stoff: Demokratie befinde sich im „Krieg“ und „Todeskampf“ (Abensour 1997a, 14) mit dem Staat. Der Staat sei das „Organ ihres Untergangs“ (Abensour 1997a, 211), gegen das sich die Demokratie permanent zur Wehr setzen müsse. Ihren „rebellierenden“ Charakter bewahre sie sich durch die permanente Opposition gegen jede Verstetigung, Festlegung und Einhegung durch staatliche Strukturen. „Die Demokratie ist antistaatlich oder gar nicht.“ (Abensour 1997a, 12) So wie für Rancière eine ‚politische Ordnung‘ ein Widerspruch in sich ist, ist es die Idee eines ‚demokratischen Staates‘ für Abensour. Aus seiner Perspektive ist die Staatsform aufgrund ihres hierarchischen Charakters inkompatibel mit der postfundamentalistischen Einsicht in die Abwesenheit letzter Gründe, denn der Staat komme ohne das Legen unhinterfragbarer Fundamente und die Berufung auf vermeintliche Letztbegründungen nicht aus. Demokratie zeichnet sich dagegen durch die Affirmation der Abwesenheit letzter Gründe aus. Staatliche Institutionen stehen für Abensour (1997a, 10) im Gegensatz zur demokratischen Praxis der „wiederholte[n] Erprobung der Unbestimmtheit“.

Dennoch lassen sich bei Abensour Hinweise auf die Möglichkeit einer Instituierung des demokratischen Impulses finden, allerdings in einem dezidiert nicht-staatlichen oder sogar anti-staatlichen Sinne. Demokratie gibt sich zwar selbst Institutionen, doch die soziale Praxis der Selbstregierung geht über ihre institutionelle Form hinaus:

> Demokratie […] gibt sich selbst politische Institutionen, um mit Effizienz Bestand zu haben, aber […] hört gleichzeitig nie auf, sich gegen den Staat zu erheben, und zwar so, dass […] sie auf höchst kraftvolle und paradoxe Weise eine unaufhörliche „neue Unordnung" verkörpert, die die politische Sphäre jenseits des Staates, und sogar gegen ihn, neu erfindet. (Abensour 2002, 722)

Demokratische Institutionen sind demnach nicht nur Eckpfeiler einer stabilen Ordnung, sondern instituieren Unordnung. Als konkretes Beispiel für eine demokratische Institution, die unaufhörlich neue Unordnung schafft, führt Abensour das in der französischen Verfassung von 1793 formulierte Recht auf Widerstand an. Für ihn verkörpert es den revolutionären Impuls par excellence, der den emanzipatorischen Anspruch des Volkes gegenüber dem Staat in die Verfassung einschreibt. Das Widerstandsrecht ermöglicht die kollektive Erinnerung und Aktualisierung der demokratischen Prinzipien von Freiheit und Nicht-Beherrschung. „Wenn die Demokratie danach strebt, eine politische Gemeinschaft zu instituieren, die Beherrschung in Schach hält, welches Mittel ist besser geeignet, dieses Prinzip zu bewahren, als das Recht auf Aufstand?" (Abensour 1997b, xxvi)

Darüber hinaus liefert Abensour Kriterien, um den demokratischen Charakter von Institutionen zu beurteilen. Für ihn sind Institutionen dann demokratisch, wenn sie einen Rückgriff auf den revolutionären Impuls des demokratischen Projekts – den Kampf um politische Selbstbestimmung – in die Form der Institution selbst einschreiben. Damit ermöglichen sie eine zirkuläre Bewegung zwischen Vergangenheit und Gegenwart, die den Anspruch auf die kontinuierliche Erneuerung des emanzipatorischen Versprechens der Demokratie verstetigt. Eine Institution wie das Widerstandsrecht wird so zum Referenzpunkt und Maßstab für zukünftige Infragestellungen politischer Ordnung.

> Die aufständische Demokratie, weit davon entfernt prinzipiell allen Institutionen oder Verbindungen zur Vergangenheit feindlich gegenüberzustehen, ist *selektiv*. Da sie wie jede politische Bewegung dazu neigt, sich zu bewahren, unterscheidet sie zwischen Institutionen, die das politische

> Handeln des Volkes fördern, und denen, die das nicht tun, wobei Nicht-Beherrschung als Kriterium dient. (Abensour 1997b, xxvi)

Das Motiv der periodischen Revitalisierung des demokratischen Geistes entwirft Abensour im Dialog mit Niccolò Machiavellis Idee der Rückkehr zu den Ursprüngen der Republik. Während Machiavelli empfiehlt, sich auf den Gründungakt und die darin instituierten Prinzipien zurückzubesinnen, um die Korruption des Gemeinwesens zu verhindern, ermöglicht der Rückbezug auf den Gründungsmoment für Abensour, die Freiheit der Vielen erneut zu erfahren und die Beherrschung durch die Wenigen abzuwehren. „Es gibt keinen systematischen Gegensatz zwischen aufständischer Demokratie und Institutionen, solange letztere dazu beitragen, den Zustand der Nicht-Beherrschung zu bewahren, und als Dämme fungieren, die sich gegen das Streben der *grandi* nach Herrschaft stemmen, und dadurch dem Volk ermöglichen Freiheit zu erfahren." (Abensour 1997b, xxvi)

Trotz der anarchischen Ausrichtung ist Abensours Demokratieverständnis mit der Idee von Ordnung kompatibel, solange das rebellische Moment in sie selbst eingeschrieben wird. In periodischen Rückbezügen auf vergangene emanzipatorische Impulse oszilliert der demokratische Gründungsprozess bei Abensour zwischen Destabilisierung und Stabilisierung und aktualisiert die postfundamentalistische Einsicht in die Gemachtheit und Kontingenz jeder sozialen und politischen Ordnung immer wieder von Neuem.

**Claude Lefort (1924–2010) beschreibt Demokratie als revisionsoffene Ordnung.** In seinem Text „Die Frage der Demokratie" (1990) stellt Lefort, einer der zentralen Protagonist:innen postfundamentalistischen Denkens, die Demokratie der Monarchie gegenüber. Während sich die Monarchie durch die Verkörperung der Macht im König als sowohl göttlicher als auch irdischer Herrschaftsinstanz auszeichnet, ist die moderne Demokratie eine „körperlose Gesellschaft" (Lefort 1990, 295). An die Stelle des Körpers des Königs als Symbol für die organische Totalität und absolute Fundierung politischer Ordnung tritt – beispielhaft an der Guillotinierung Louis XVI. festzumachen – eine sowohl körperliche als auch symbolische „Leerstelle" (Lefort 1990, 293). Die moderne Demokratie legitimiert sich nach Lefort gerade dadurch, dass sie die Abwesenheit natürlicher, metaphysischer oder rationaler Gründe für Herrschaft anerkennt. Damit geht eine „Entflechtung der Macht-, Rechts- und Erkenntnissphären" (Lefort 1990, 293) einher. Unter demokratischen Vorzeichen kann sich ein Machtanspruch nicht unwidersprochen auf vermeintlich letztbegründbare Gerechtigkeitsideale oder Wahrheiten berufen und muss sich immer wieder seiner Unbegründbarkeit stellen.

In diesem Sinne gründet sich Demokratie auf einen Mangel, der allerdings nicht nur negativ zu verstehen ist. Im Gegenteil ist für Lefort gerade die Anerkennung des „leeren Ortes der Macht", so seine mittlerweile kanonische Wendung, die positive Bestimmung moderner Demokratie. Insofern „den Regierenden die Aneignung und Einverleibung der Macht untersag[t]" (Lefort 1990, 293) bleibt, wird die Position der Herrschaft zwar vorübergehend besetzt, allerdings immer unter dem Vorbehalt, dass sie letztlich unbesetzbar bleibt. In der Demokratie ist der Ort der Macht symbolisch entleert und der Demos kann sich auch nur symbolisch selbst als Souverän ermächtigen – immer im Wissen, dass diese Selbstinstituierung provisorisch bleiben muss:

> [Die Demokratie ist eine] Gesellschaft, in der sich die Grundlagen der politischen und gesellschaftlichen Ordnung stets entziehen, in der das Erreichte niemals das Siegel der vollständigen Legitimität trägt, in der Statusunterschiede nicht länger unanfechtbar scheinen und das Recht sich dem Diskurs, der es ausspricht, überantwortet erweist (Lefort 1990, 296).

Demokratie *akzeptiert* die Kontingenz von Ordnung für Lefort nicht nur, sondern *affirmiert* sie, einschließlich der Kontingenz demokratischer Ordnung selbst. Dabei macht Lefort darauf aufmerksam, dass auch der moderne Totalitarismus sich der Einsicht in die grundsätzliche Unbestimmtheit nicht verweigert. Vielmehr reagiert er darauf, indem er ihr, im Kontrast zur Demokratie, die Illusion einer substantiellen Identität des Volkes entgegensetzt. Um die totalitäre Bedrohung auf Abstand zu halten, reicht es daher nach Lefort nicht aus, einfach auf der Abwesenheit letzter Gründe zu beharren, sondern es braucht einen weiteren Schritt: Der Konflikt um die Besetzung des Ortes der Macht muss selbst institutionalisiert werden. Hier wird der Unterschied zu den entgründenden Ansätzen besonders deutlich. Während diese die Verstetigung der politischen und demokratischen Konsequenzen der Kontingenzannahme aus konzeptuellen Gründen für unmöglich oder zumindest nachrangig halten, betont Lefort die Möglichkeit und Notwendigkeit einer revisionsoffenen demokratischen Ordnung.

Als politische Einrichtung, die die „Institutionalisierung des Konflikts" (Lefort 1990, 293) symbolisch verkörpert, diskutiert Lefort das allgemeine Wahlrecht. Einerseits inszeniert sich der Demos im Wahlakt als Souverän, andererseits affirmiert er im Wissen um die periodische Wiederholung der Wahl gleichzeitig die Vorläufigkeit dieser Selbstermächtigung. Während in Diktaturen Wahlen, sofern sie überhaupt durchgeführt werden, primär als außenpolitisches Spektakel dienen – mit der Wahl demonstriert Putin dem Rest der Welt, wie geschlossen das russische Volk (angeblich) hinter ihm steht –, haben sie in Demokratien eine rituelle innenpolitische Funktion: Im Wahlakt führt sich das Volk periodisch vor Augen, dass es konflikthaft gespalten ist und der Ort der Macht leer bleibt bzw. nur provisorisch besetzt werden kann. In einer berühmten Wendung beschreibt Lefort diesen Prozess folgendermaßen: „Die Zahl tritt an die Stelle der Substanz." (Lefort 1990, 295) Die substanzielle Verkörperung der Macht durch den Demos wird zum rein prozeduralen Akt des Stimmenzählens und stellt damit ihren provisorischen Charakter zur Schau. Der Moment der Wahl, d. h. der Moment, in dem der Ort der Macht neu besetzt wird, demonstriert zugleich seine prinzipielle Leere, sodass „die Demokratie sich dadurch instituiert und erhält, dass sie die *Grundlagen aller Gewissheit auflöst*" (Lefort 1990, 296). Streit und Konflikt sind für das demokratische Dispositiv konstitutiv, denn durch sie wird Kontingenzoffenheit auf Dauer gestellt. Für Lefort zeichnet sich Demokratie durch die Institutionalisierung der periodischen De- und Rekonstruktion politischer Machtverhältnisse aus, welche den provisorischen Charakter aller Gründungsprozesse immer wieder offenbart.

**Auf Basis einer Theorie konstituierender Macht entwirft der politische Theoretiker Andreas Kalyvas (*1967) ein zyklisches Modell von Demokratie als revisionsoffener Ordnung.** Kalyvas' Demokratieverständnis basiert auf der Unterscheidung zwischen konstituier*ender* und konstituier*ter* Macht. Mit dem ersten Begriff ist die verfassunggebende Gewalt des Volkes gemeint, mit dem zweiten die Verfasstheit politischer Ordnung. Die konstituierende Macht verweist auf ein revolutionäres Moment der (Neu)Gründung, während die konstituierte Macht den Zustand des ‚Gegründetseins' bezeichnet. Die konstituierende Macht ist der politischen Ordnung vorgelagert und legitimiert sie. Wenn die konstituierte Macht, d. h. die Ordnung, von der sie konstituierenden Macht abgeleitet ist und sich nicht auf einen unabhängigen legitimierenden Grund berufen kann, dann muss jede politische Ordnung kontingent sein.

Dabei lässt sich das Verhältnis zwischen der konstituierenden und der konstituierten Macht auf unterschiedliche Weise bestimmen. So versteht etwa Antonio Negri die konstituierende Macht des Volkes bzw. der „Multitude“, wie er im Anschluss an Spinoza formuliert, als von der verfassten Ordnung unabhängig. „Das konstituierende Prinzip beruht auf nichts mehr als seinem eigenen Anfang und vollzieht sich durch nichts anderes als seinen eigenen Ausdruck.“ (Negri 1999, 16) Mehr noch: Die konstituierte Macht steht im Gegensatz zur demokratischen, konstituierenden Macht, da sie durch ihre Verstetigung als statische Entität die dynamischen Selbstbestimmungsprozesse des Volkes beendet. Konstituierende Macht existiert nur im Moment ihrer Ausübung und sobald sie sich verfestigt, z. B. in einer Verfassung, ist sie nicht mehr. „Das Paradigma konstituierender Macht ist das einer Kraft, die jedes bestehende Gleichgewicht und jede Kontinuität sprengt, bricht, stört und aus den Angeln hebt.“ (Negri 1999, 11) Eine solch episodische Theorie konstituierender Macht steht in enger Verbindung zu den entgründenden Ansätzen von Rancière und Wolin (→ 5.1).

Kalyvas zieht eine andere Konsequenz aus der analytischen Unterscheidung zwischen konstituierender und konstituierter Macht. Für ihn besteht Demokratie nicht nur in der Störung „jeder möglichen Kontinuität“, sondern im Wechselspiel zwischen dem ent- oder neugründenden Impuls konstituierender Macht und der daraus entstehenden Ordnung. Dauerhafte Strukturen, Institutionen und Verfassungen stehen für ihn keineswegs im Gegensatz zum demokratischen Projekt. Im Gegenteil:

> Ein solcher Ansatz versteht die konstituierte Ordnung als Quelle der Entfremdung, Neutralisierung und Depolitisierung. Es scheint, als ob die konstituierende Macht, um sich selbst zu schützen, in einem ewigen Zustand des Werdens und in einer immerwährenden Konfrontation mit jeglicher Form von konstituierter Ordnung verharren muss. Diese Logik ist es, die die konstituierende Macht zu einer unendlichen, infernalischen revolutionären Bewegung verdammt. […] Eine uneingeschränkte konstituierende Macht grenzt nicht nur an Diktatur und Willkür; sie bedroht auch ihre eigene Existenz, indem sie sich allen Festlegungen und Gestalten entzieht, die ein gewisses Maß an Begrenzung und Beschränkung implizieren. (Kalyvas 2005, 242)

In *Democracy and the Politics of the Extraordinary* (2008) erläutert Kalyvas sein Verständnis von Demokratie und konstituierender Macht. Er unterscheidet zwischen drei Momenten der Demokratie:

der Gründung, der Erhaltung und der Reaktivierung des Gründungsimpulses. Die gründende und die reaktivierende Dimension sind zwei Ausprägungen extraordinärer Politik, in denen der Volkssouverän die regulären demokratischen Strukturen in Frage stellt und sich als konstituierende Macht instituiert. Während in Zeiten alltäglicher Politik informelle und selbstorganisierte Bewegungen die Ordnung herausfordern, im Zweifel sogar mit *illegalen* Mitteln, ist es für Kalyvas das Kriterium der *Extra*legalität, das über ‚normalen' Protest hinausgeht.

> Anstatt das Gesetz im Namen etablierter Normen und Grundsätze zu brechen, überschreiten diese neuen politischen Allianzen das Gesetz und beschließen, wieder einmal, eine neue politische Ordnung vorzuschlagen. In solchen Momenten werden Bewegungen und ihre Verbündeten zum neuen populären, konstituierenden Subjekt. [...] Sie stehen nicht mehr neben der instituierten Ordnung, sondern außerhalb von ihr. (Kalyvas 2008, 299)

Das Subjekt konstituierender Macht entsteht nicht in einem normenlosen Vakuum, sondern ist das Produkt informeller, selbstorganisierter Räume, Netzwerke und Bewegungen. Damit verliert die Idee der Gründung als Moment konstituierender Macht ihren quasi-mythischen Charakter, in dem der Volkssouverän aus dem Nichts die politische Bühne betritt. Stattdessen ist die nicht-institutionalisierte demokratische Praxis der Nährboden für demokratische (Neu-)Gründungsprozesse, die die politische Ordnung transformieren. Ein Beispiel dafür ist die vor Kurzem angestrebte Verfassungsreform in Chile. Nach landesweiten Protesten wurde 2019 ein Verfassungsgebungsprozess angestoßen, der maßgeblich von sozialen Bewegungen vorangetrieben und geprägt wurde. Die konstituierende Macht in Form der verfassungsgebenden Versammlung, in der neben Mitgliedern etablierter Parteien zivilgesellschaftliche Akteure einen außergewöhnlich hohen Anteil hatten, entsteht also nicht aus dem Nichts, sondern ist, ganz im Sinne von Kalyvas, in demokratischen Strukturen abseits der staatlichen Institutionen verankert. Mit seiner zyklischen Theorie extraordinärer Politik unterstreicht Kalyvas, dass unter Demokratie mehr zu verstehen ist als ihre institutionalisierte Form. „Das Außergewöhnliche, der demokratische Exzess des Konstitutionalismus, erinnert daran, dass Politik nicht auf abstrakte, mechanische Legalität reduziert werden kann." (Kalyvas 2008, 297) Er betont aber auch, dass sich demokratische Politik und

Konstitutionalismus keineswegs unvereinbar gegenüberstehen, sondern dass sich in ihrem ständigen Wechselspiel die Revisionsoffenheit und Kontingenz jeder Ordnung zeigt.

**Bonnie Honig (*1959) stellt alltägliche, permanente Neugründungen ins Zentrum von Politik und Demokratie.** Ausgehend von der Annahme, dass das politische Leben immer von zwei gegensätzlichen Impulsen charakterisiert ist – dem Impuls der Stabilisierung (*settlement*) und dem Impuls der Destabilisierung (*unsettlement*) – argumentiert Honig in *Political Theory and the Displacement of Politics* (1993), dass es unmöglich ist, dem Streit um Grundlagen ein Ende zu setzen. Jeder Versuch, die politische Auseinandersetzung durch das Legen absoluter Fundamente zu beenden, ist zum Scheitern verurteilt: Wir haben es mit einer „Realität des ewigen Wettstreits" (Honig 1993, 15) zu tun. Darüber hinaus ist, wie Honig argumentiert, der Versuch einer Letztbegründung politisch gefährlich. Eine bestimmte Ordnung ultimativ zu begründen bedeutet, dass auch die durch sie unvermeidlich hervorgebrachten Ausschlüsse zugleich geleugnet und verstetigt werden. Gerade jene Überbleibsel haben das Potenzial zur Destabilisierung einer gegebenen Ordnung – mit möglicherweise antidemokratischen Folgen. Stattdessen fordert Honig, die kontestatorische Natur politischer Praxis anzuerkennen und, im Einklang mit Lefort, Demokratie als Affirmation der Ungewissheit zu verstehen, um den politischen Raum nicht zu schließen, sondern auszuweiten.

> Diese Schließungen sind immer im Gange, sie sind nie vollendete Tatsachen. Anstatt sich über diesen Zustand zu ärgern, begrüßt eine Politik der Erweiterung (*politics of augmentation*) ihn, indem sie die Überreste (*remainders*) des Schließungsimpulses anerkennt. […] Politik macht Dinge nicht richtig, schließt sie ab und ist fertig mit ihnen. […] Die Dauerhaftigkeit des Konflikts zu akzeptieren und anzunehmen bedeutet, den Traum der Verdrängung (*displacement*) und die Fantasie, dass die richtigen Gesetze oder die richtige Verfassung uns eines Tages von der Verantwortung für die Politik (und in der Tat auch von der Last der Politik) befreien könnten, abzulehnen. (Honig 1993, 210 f.)

Politik ist durch einen ständigen Balanceakt zwischen gründenden und entgründenden Impulsen gekennzeichnet. Anders als Abensour, Lefort und Kalyvas, die bestimmte Momente der Destabilisierung herausheben (wie die Wahl, das Recht auf Widerstand und die Verfassungsgebung oder -reform), betont Honig, wie alltäglich die De- und Rekonstruktion politischer Ordnung ist. „Obwohl das Paradox der Politik manchmal als Gründungsparadox bezeichnet wird, ist es mehr als das, denn es ist in jedem Moment des politischen Lebens präsent und nicht nur an den Anfängen eines Regimes." (Honig 2007, 3) Das demokratische Wechselspiel zwischen Be- und Entgründung ist für Honig also der Normalfall und nicht die Ausnahme, die nur in exzeptionellen Momenten die Grundlosigkeit politischer Ordnungen anzeigt. Entgegen der Logik der Ausnahme tritt sie in *Emergency Politics* (2009) für eine permanente Demokratisierung der demokratischen Ordnung ein.

> Das Paradox der Politik [...] lenkt die Aufmerksamkeit auf die formative Kraft des Rechts, seine nie vollständig intentionale Rolle in Prozessen der Subjektbildung und darum auf die Notwendigkeit, in einer Demokratie [...] das Recht durch Änderung, Ergänzung oder Aufhebung einer Demokratisierung zu unterziehen. Änderung, Ergänzung oder Aufhebung sind alles Formen der Neugründung [...], die uns keinen festen [...] Grund bereitstellen. (Honig 2009, 25).

Die Praxis der Infragestellung von Ordnung bzw. der periodischen Neugründung kennzeichnet für Honig also schon die normalbetriebliche Demokratie. Institutionen, Rechte und Gesetze können aus dieser Perspektive nicht nur als Instrumente der Ordnung oder der Beilegung politischer Konflikte interpretiert werden, sondern ebenso als solche der Kontestation. Man denke an die sogenannten ‚Klimaklagen', sowohl auf nationaler als auch transnationaler Ebene, die weniger der Stabilisierung als der Herausforderung des Status Quo dienen und subversive Kraft entfalten können. Für Honig werden nicht nur ausgewählte Institutionen oder Gründungsakte dem emanzipatorischen Anspruch gerecht, sondern er lässt sich durch die aktive Bürger:innenschaft aktualisieren. Eine demokratische Politik der Erweiterung widersteht im täglichen Geschäft der Pazifierung und Neutralisierung von Politik. Demokratie bejaht die Gleichzeitigkeit von Gründung und Entgründung: „Politik besteht aus Praktiken der Stabilisierung und Destabilisierung, der Unterbrechung und Verwaltung, aus außergewöhnlichen Ereignissen oder Gründungen und alltäglichen Instandhaltungen." (Honig 1993, 205)

Honigs agonistische Interpretation postfundamentalistischer Politik und Demokratie eröffnet besonders viel Spielraum für Institutionalisierungsperspektiven. Wo bei Abensour und Kalyvas noch eine größere Spannung zwischen dem rebellierenden Anspruch der Demokratie und der sie einhegenden institutionellen und konstitutionellen Struktur zu spüren war, geht es Honig darum, Räume für demokratisierende Kontestation innerhalb eines staatlichen Ordnungsrahmens zu schaffen bzw. sichtbar zu machen. Und während Lefort die Notwendigkeit betont, den leeren Ort der Macht symbolisch zu besetzen, dessen Grundlosigkeit nur in vergleichsweise seltenen gesellschaftlichen Ritualen offensichtlich werden soll, argumentiert Honig für den andauernden Widerstand gegen die Schließung des politischen Raums. Trotz aller Unterschiede sehen die vier hier besprochenen Autor:innen die Aufgabe demokratischer Institutionen darin, die Revisionsoffenheit der Ordnung sicherzustellen. Im Wechselspiel zwischen Stabilisierung und Destabilisierung muss sich Demokratie für Abensour, Lefort, Kalyvas und Honig als Provisorium konstituieren und periodische Neugründungen in ihre institutionelle Form einschreiben.

*tl;dr*

Ansätze periodischen Gründens sehen die Revisionsoffenheit der bestehenden Verhältnisse als Kriterium einer demokratischen Ordnung. Die Aufgabe demokratischer Institutionen besteht aus dieser Sicht darin, ein Wechselspiel zwischen Be- und Entgründung in der Form revisionsoffener Ordnungen zu etablieren, das deren provisorischen Charakter widerspiegelt. Die Praxis des Gründens wird als unabgeschlossener Prozess periodischer Neugründung verstanden.

## 5.3 Hegemoniales Gründen: Politiken strategischer Ordnungsbildung

Ansätze hegemonialen Gründens legen den Fokus weniger auf die periodische Revision von Ordnungen als auf die Logiken und Strategien, mit denen sich Ordnungen stabilisieren und herausfordern lassen. Während Zugänge periodischen Gründens den zyklischen Charakter der Erneuerung des Gemeinwesens herausstreichen, begreifen hegemonietheoretische Ansätze Politik eher als dauerhaften Prozess. Ausgehend von Antonio Gramscis Hegemoniebegriff (→ 2.2), der eine von zivilgesellschaftlichen Akteuren geteilte Weltauffassung und gemeinsame politische Zielbeschreibung bezeichnet, befasst sich diese Variante postfundamentalistischen Gründens nicht nur mit der Beschaffenheit bestimmter politischer Institutionen, sondern fragt danach, wie sich diskursive Vorherrschaft herstellen lässt. Hegemoniales Gründen besteht nicht in erster Linie in der Verstetigung von Prozeduren und Organisationsformen, sondern in der Stabilisierung einer bestimmten sozialen Bedeutungskonstellation. Aus hegemonietheoretischer Sicht ist politische Gründung also weder unmöglich, wie entgründende Ansätze argumentieren, noch ein teils widerwillig eingegangenes Wagnis, wie in den Theorien periodischen Gründens. Der Kampf um Hegemonie, d. h. das Streben nach (partieller) Gründung, wird als Kernaufgabe von Politik angesehen – nicht trotz, sondern wegen der Einsicht in die Unmöglichkeit einer Letztbegründung von Ordnung (vgl. Nonhoff 2007; Marchart 2017).

**Die politische Theoretikerin Chantal Mouffe (*1943) entwickelt ein Konzept agonistischer Demokratie, das regelgeleiteten Konflikt ins Zentrum hegemonialen Gründens stellt.** Mouffe liefert eine Kritik des liberalen Politikverständnisses, das in seiner aggregativen Variante politische Praxis als interessegeleitetes, individuelles Handeln versteht und in seiner deliberativen Variante die Bedeutung kommunikativer Vernunft betont. Beide Ansätze sitzen nach Mouffe der Illusion eines Rationalismus auf, der trotz gegenteiliger Beteuerungen seine fundamentalistischen Restbestände nicht abstreifen kann. Dagegen führt sie die schon in *Hegemony and Socialist Strategy* (1985) gemeinsam mit Ernesto Laclau entwickelte Annahme ins Feld, dass der Antagonismus und nicht die Idee eines geteilten Vernunftbegriffs konstitutiv für Politik ist. Identität entsteht in Opposition zu einem Außen, d. h. in der Formulierung eines Gegensatzes. Das liberale Konsensmotiv verkennt die konflikthafte Natur des Politischen.

> Diese Unfähigkeit, den unvermeidlichen, für das Politische konstitutiven Augenblick der Beendigung der Debatte zu erfassen, ist die notwendige Konsequenz aus einem Ansatz, der den Pluralismus als bloße Aufwertung der Vielfalt betrachtet und so der konstitutiven Rolle des Konflikts und des Antagonismus aus dem Weg geht. Mein Ansatz dagegen sieht dem konstitutiven Charakter gesellschaftlicher Gegensätze und der Unmöglichkeit einer endgültigen Überbrückung dieser Gegensätze ins Auge. (Mouffe 2014, 38 f.)

Agonistische Demokratie beinhaltet immer ein Moment der Entscheidung – genauer: eine Entscheidung im Angesicht der „Unentscheidbarkeit“ (Mouffe 2005, 17). Anstatt sich auf das Aufbrechen sedimentierter Strukturen zu konzentrieren, betont Mouffe die Notwendigkeit der (temporären) Schließung des Möglichkeitsraums und damit auch von Ausschlüssen. Ein politisches Projekt muss sich von einem Außen abgrenzen, indem es ein „Wir" im Gegensatz zu einem „Sie" formuliert. Somit ist für Mouffe das gründende Moment kein notwendiges Übel, sondern Kern politischer Praxis. Die Anerkennung des konstitutiven Antagonismus unterstreicht, dass jede Ordnung Ergebnis eines Kampfes um Hegemonie und damit notwendig kontingent ist.

Mouffes Ansatz hegemonialen Gründens überträgt diese ontologische Grundannahme auf die Ebene politischer Prozesse und Institutionen. In kritischer Auseinandersetzung mit Carl Schmitts Antagonismus-Begriff entwickelt Mouffe das Konzept des Agonismus, das Schmitts Idee existentieller *Feindschaft* zu einer moderaten *Gegnerschaft* im politischen Spiel transformiert.[35]

> Das Neue an demokratischer Politik besteht nicht in der Überwindung dieser wir/sie-Opposition – was unmöglich wäre –, sondern in der anderen Weise, in der sie errichtet wird. […] Vom Gesichtspunkt des „agonistischen Pluralismus" betrachtet, besteht das Ziel demokratischer Politik in der Konstruktion eines „sie" auf eine Weise, in der es nicht länger als zu vernichtender Feind wahrgenommen wird, sondern als ein „Gegner", d. h. als jemand, dessen Ideen wir bekämpfen, dessen Recht, jene Ideen zu verteidigen, wir aber nicht in Zweifel ziehen. (Mouffe 2018, 103)

Kennzeichen eines demokratischen Projekts ist für Mouffe nicht der radikale Konflikt bzw. die rückhaltlose Infragestellung der Ordnung (wie etwa bei Rancière), was ihr den Vorwurf eines gewissen Liberalismus wider Willen eingebracht hat.[36] Vielmehr erfordert demokratischer Streit die Anerkennung gemeinsamer Spielregeln innerhalb demokratischer Institutionen *und* des nicht auflösbaren, jeder Ordnung auf ‚ab-gründige' Weise zugrunde liegenden Konflikts um ihre Gestaltung.[37] Für diese Form agonistischer Auseinandersetzung hat Mouffe den Begriff „konfliktorischer Konsens" (Mouffe 2018, 105) geprägt. Man denke an Protestformen wie den zivilen Ungehorsam, der im Zuge der Klimabewegung wieder in den Fokus gerückt ist. Aktionen zivilen Ungehorsams gehen zwar durch ihre Illegalität in Konfrontation zur politischen Ordnung, zeichnen sich aber zugleich durch ihre prinzipielle Loyalität zur Verfasstheit der liberalen Demokratie aus, die sich z. B. in der Akzeptanz der Strafe ausdrückt.[38]

**Der politische Theoretiker Ernesto Laclau (1935–2014) entwickelt eine allgemeine Logik der Hegemonie, die Gründung als strategische Allianzenbildung mit dem Ziel diskursiver Vorherrschaft versteht.** Im Anschluss an die strukturalistische Linguistik betont er in *Hegemony and Socialist Strategy* (1985) gemeinsam mit Chantal Mouffe, dass sprachliche und soziale Bedeutung relational, das heißt im konkreten Verhältnis zu anderen, differenten Elementen gedacht werden muss. Bedeutung ist nicht einfach gegeben, sondern entsteht durch die Praxis der „Artikulation", die Elemente sinnstiftend miteinander verknüpft. Die Gesamtheit dieser Artikulationspraktiken bildet den „Diskurs" (Laclau/Mouffe 1985, 105). In jeder Gesellschaft existieren teilweise fixierte oder „sedimentierte" diskursive Strukturen, die bestimmte soziale Routinen, Identitäten und Normen festschreiben. Aufgrund der relationalen Logik von Artikulationen ist eine solche Konstellation nie völlig in sich geschlossen. Das Soziale ist immer nur partiell fixiert. Laclau bezeichnet das als die „Unmöglichkeit von Gesellschaft" (1990). Gesellschaft als Totalität, bzw. in postfundamentalistischer Terminologie, Gesellschaft als letzter Grund ist unmöglich.

> Wir neigen heute dazu, die *Unendlichkeit des Sozialen* zu akzeptieren, d.h. die Tatsache, dass jedes strukturelle System begrenzt ist, dass es immer von einem „Bedeutungsüberschuss" umgeben ist, den es nicht bewältigen kann, und dass folglich die „Gesellschaft" als einheitliches und fassliches Objekt, das seine eigenen partiellen Prozesse begründet, eine Unmöglichkeit ist. (Laclau 1990, 90)

Das bedeutet nicht, dass keine Gründungsprozesse möglich oder nötig sind. Im Gegenteil: Politik bedeutet für Laclau das Streben danach, den Bedeutungsraum im Angesicht der „Unendlichkeit des Sozialen" zu schließen, und zwar im Wissen um die Unmöglichkeit einer finalen Schließung. Jedes (gegen)hegemoniale Projekt interveniert in ein partiell fixiertes Terrain mit dem Ziel, sedimentierte Strukturen zu „reaktivieren", d.h. ihre Kontingenz offenzulegen. Das ist das Moment des Politischen.

Kernstück von Laclaus Hegemonietheorie ist sein Versuch, eine allgemeine Logik hegemonialer Kämpfe herauszuarbeiten, die sich als Abfolge von vier Schritten verstehen lässt.[39] Zunächst (1) beginnt jeder hegemoniale Kampf mit einer *Forderung*. So wie Bedeutungen nicht einfach gegeben sind, sind es auch politische Gruppenidentitäten nicht. Stattdessen werden sie relational, durch die Artikulation von

Forderungen konstruiert. Damit sich ein gemeinsames hegemoniales Projekt entwickeln kann, müssen einzelne Forderungen (2) miteinander verknüpft werden. Laclau nennt diese Verknüpfung eine *Äquivalenzkette*. Äquivalenzketten basieren nicht unbedingt auf zugrundeliegenden politischen Übereinstimmungen; die einzelnen Forderungen können sich durchaus inhaltlich unterscheiden. Die Verknüpfung zur Äquivalenzkette erfolgt (3) nicht auf der Basis geteilter Interessen oder Anliegen, sondern negativ, d.h. indem man die einzelnen Forderungen einem gemeinsamen Gegner entgegenstellt. Nur durch diese Konstruktion eines *Antagonismus* kann sich die Koalition aus verschiedenen Einzelforderungen vorübergehend stabilisieren. Hegemoniale Projekte kommen also nicht ohne die Geste einer polemischen, antagonistische Spaltung des diskursiven Raums aus. Damit ein hegemoniales Projekt als Einheit auftreten kann, muss die Äquivalenzkette zudem (4) als Ganze repräsentiert werden. Diese Repräsentationsfunktion übernimmt stets eine der einzelnen, partikularen Forderungen. Dadurch verliert sie ihren partikularen Charakter; sie steht nun nicht mehr vorrangig für einen bestimmten Inhalt, sondern für das ganze hegemoniale Projekt. Durch diese Verallgemeinerung wird die repräsentative Forderung ihres Inhalts entleert. Laclau prägt dafür den zentralen Begriff des *leeren Signifikanten*.

Um diese allgemeine Logik gegenhegemonialer Kämpfe an einem Beispiel zu verdeutlichen: Die Gezi-Proteste 2013 in der Türkei richteten sich zu Beginn gegen ein Bauprojekt im Istanbuler Gezi-Park, sie artikulierten also (1) eine spezifische, lokal begrenzte Forderung. In einem gesellschaftlichen Klima der Unzufriedenheit mit dem vorherrschenden neoliberal-konservativen System wurde (2) eine Verknüpfung mit anderen unerfüllten Einzel-Forderungen hergestellt, die eine Äquivalenzkette bildeten. Die Gemeinsamkeit der Forderungen lag weniger in der inhaltlichen Ausrichtung, sondern (3) in der Konstruktion eines gemeinsamen Gegners, der AKP-Regierung. Der Protest gegen das Bauprojekt am Gezi-Park, vormals eine partikulare Forderung mit konkretem, lokalem Inhalt, wurde zum Symbol aller in der Äquivalenzkette verbundenen Forderungen. ‚Gezi' verlor im Zuge dessen (4) seine konkret lokalisierte Bedeutung und fungierte als leerer Signifikant zur Repräsentation einer landesweiten gegenhegemonialen Bewegung.

Für Laclau und Mouffe ist der Kampf um Hegemonie, d.h. das Streben nach partieller Gründung, die politische Praxis par excellence.

Anstatt Politik nur in der Öffnung des Bedeutungsraumes zu sehen, liegt das politische Moment nach Laclau im Versuch der hegemonialen Schließung. Oliver Marchart beschreibt dieses Politikverständnis in *Thinking Antagonism* folgendermaßen: „Politik kann [...] als der konstante – aber letztendlich erfolglose – Versuch verstanden werden, einer Identität ein Fundament zu geben, die grundlegend von Mangel, Dislokation und Unvollständigkeit charakterisiert ist." (Marchart 2018, 110)

Hegemoniale und gegenhegemoniale Gründungsprozesse werden demnach nicht als Gegenstück ‚eigentlicher', möglichkeitseröffnender politischer Praxis verstanden, sondern als Kerngeschäft von Politik. Außerdem verliert in dieser Perspektive das strategische Moment politischen Handelns seine negative Konnotation. Die Bildung einer Äquivalenzkette und die Konstruktion eines repräsentierenden Signifikanten – mit anderen Worten: der Aufbau politischer Allianzen unter einem gemeinsamen Schlagwort – sind nicht ein notwendiges Übel politischer Praxis, die deren ‚politische Reinheit' kontaminiert, sondern hegemoniales Gründen besteht in der (prekären) Praxis der Allianzenbildung selbst. Für Laclau ist politische Ordnung das Ergebnis von Bündnispolitik mit dem Ziel diskursiver Vorherrschaft. Und auch wenn ein solcher hegemonialer Gründungsversuch letztlich zum Scheitern verurteilt ist, dann geht es nicht darum, hegemoniale politische Praxis als vergebene Liebesmüh zu diskreditieren. Im Gegenteil müssen hegemoniale Kämpfe immer weitergeführt werden, insofern jeder Gründungsakt das Absolute, das er anzielt, unweigerlich verfehlt. Eine politische Gründung kann nicht als einmaliger Gewaltstreich verstanden werden, sondern muss sich angesichts von Widerständen und neuen gegenhegemonialen Praktiken immer wieder stabilisieren und um Vorherrschaft ringen.

Mouffes und Laclaus Werke, insbesondere zur Frage des Populismus, waren und sind Inspirationsquellen für prominente und durchaus erfolgreiche politische Projekte. Laclaus *On Populist Reason* (2005) und Mouffes *For a Left Populism* (2019) können auch als Handreichung für politische Strategie gelesen werden.[40] Das bekannteste Beispiel für den Einfluss hegemonietheoretischen Denkens auf realpolitische Projekte ist die 2014 gegründete Partei *Podemos* in Spanien. Ausgehend von der *Indignados*-Bewegung (auch: *Movimiento 15-M*), die sich im Zuge der Proteste gegen die Austeritätspolitik nach der Finanzkrise 2008 formiert hat, berufen sich die Initiator:innen von *Podemos* auf die Hegemonietheorie und die Strategie der Bündnispolitik. Während sich

Pablo Iglesias und Juan Carlos Monedero vor allem an Gramsci orientieren, begreift Íñigo Errejón seine linkspopulistische Politik dezidiert mit Mouffe und Laclau. In einem Gespräch mit Mouffe beschreibt Errejón *Podemos* als politische Partei mit einem „anti-essentialistischen und hegemonialen Verständnis von Politik", die den Moment der Krise für die antagonistische Konstruktion einer neuen politischen Identität, einer neuen Definition des Volkes, genutzt hat.

> Das waren keine Gewissheiten, sondern Potenziale für eine Intervention, die eine Grenze zieht und beginnt, eine neue populäre Mehrheit für einen Umbruch aufzubauen. Die organische Krise des Regimes von 1978 – nicht zu verwechseln mit einer Staatskrise – und der Aufstieg der 15M hat neue Möglichkeiten für eine Gegenhegemonie und die These eines neuen Volkes eröffnet. (Errejón/Mouffe 2016, 48)

Zwar zeigt Errejón auch die Grenzen der Übertragbarkeit der Populismustheorie auf die konkrete politische Lage in Spanien auf (z. B. in Bezug auf das umstrittene Label ‚Populismus', dessen Verteidigung in den kurzen Antwortzeiten in Talkshows schwerfällt), doch der Grundidee postfundamentalistischer Hegemonietheorie bleibt er treu: „Dass Gesellschaft nie völlig geschlossen ist, ist die Garantie dafür, dass alles hinterfragt werden kann." (Errejon/Mouffe 2016, 37).

*tl;dr*

Das Moment der Gründung steht für die hegemonietheoretischen Ansätze von Mouffe und Laclau nicht im Gegensatz zur postfundamentalistischen Einsicht in die Kontingenz von Ordnung, sondern folgt vielmehr aus ihr. Gerade weil jede gesellschaftliche Formation auch anders gestaltet sein könnte, muss politische und demokratische Praxis den Anspruch verfolgen, Vorherrschaft zu erlangen und zu behalten. Daher betonen Ansätze hegemonialen Gründens das strategische Element der Allianzenbildung und der Konstruktion politischer Gegnerschaft.

# 6 Ausblick

Postfundamentalistisches Denken widersteht einfachen Dichotomien. Es lehnt Letztbegründungen ab und betont die Bedeutung provisorischer Fundamente. Damit lässt sich die paradox erscheinende Gleichzeitigkeit von Orientierungslosigkeit und neuen Fundamentalismen, die unsere politische Gegenwart prägt, besser verstehen. Unter Bedingungen umfassender Kontingenz übernimmt entweder die Idee ökonomischer Notwendigkeit (im Neoliberalismus), ein völkisch bestimmtes Gemeinschaftsideal (im Rechtsextremismus) oder eine göttliche Offenbarung (im religiösen Fundamentalismus) die autorisierende Funktion. Anders gesagt, nur weil die Kontingenzerfahrung, die für viele einer Unsicherheitserfahrung gleicht, so umfassend ist, können neue Fundamentalismen so effektiv verfangen. Der postfundamentalistische Blick zeigt, wie die scheinbaren Gegensätze einer radikal *ent*gründeten und gleichzeitig alternativlos *ge*gründeten Welt miteinander verbunden sind.

Indem der Postfundamentalismus die Dichotomie von Antifundamentalismus und (Pseudo)Fundamentalismus zurückweist, ist er besonders geeignet, die komplexen Krisen und Kontroversen der Gegenwart zu erfassen. So muss aus postfundamentalistischer Sicht eine tragfähige Analyse der globalen autoritären Wende über die vereinfachende Gegenüberstellung von Demokratie und Populismus hinausgehen und die Verbindungslinien zwischen demokratischen und populistischen Gründungsversuchen erforschen. Um das Phänomen zu begreifen und adäquate politische Gegenprojekte zu entwickeln, reichen schlichte Deklarationen der Zugehörigkeit zur einen oder anderen Seite nicht aus. Der Postfundamentalismus ermöglicht, das rechtsextreme Begehren einer rassistischen Schließung des Diskursraumes als gewaltvolle Verdrängung der beunruhigenden Kontingenzerfahrung zu verstehen. Eine schlagkräftige demokratische Antwort tut diese Position nicht nur als ‚irrational' ab, sondern setzt ihr ein alternatives Projekt politischer Gründung entgegen. Dieses beansprucht allerdings anders als bei den Autoritären keine finale Grundlegung über Figuren natürlicher Zugehörigkeit, sondern zielt darauf ab, Freiheit in der kollektiven, konflikthaften Gestaltung der politischen Welt erfahrbar zu machen. Anders gesagt, Parteigänger:innen der Demokratie dürfen sich aus postfundamentalistischer Sicht angesichts neoliberaler, rechtsextremer und ultrareligiöser Bedrohungen nicht auf eine defensive Strategie der Bewahrung liberal-demokratischer Errungenschaften zurückziehen. Wehrhaft ist eine Demokratie nur, wenn sie sich nicht bloß verteidigt, sondern danach strebt, sich zu erweitern, zu vertiefen und zu radikalisieren.

Auf analoge Weise fordert der Postfundamentalismus die Gegenüberstellung zwischen Wissenschaft als Faktenlieferantin und Politik als Entscheidungsdiskurs heraus, die u. a. im Zuge der Diskussionen um die Pandemie und die Klimakatastrophe mobilisiert wird. Mit seiner Kritik am rationalistischen Vernunftideal versteht der Postfundamentalismus Fakten oder Wahrheit, die von aktivistischer Seite oft als korrigierender oder sogar determinierender Faktor ins Spiel gebracht werden, nicht als frei von vermeintlich verunreinigenden Einflüssen der Politik. Im Gegenteil: Wissen, Gründe und Begründungen sind situiert, sie sind mit Macht, Affektivität und Begehren verknüpft. Die einfache Dichotomie von Politik und Wissenschaft wird weder der Realität wissenschaftlicher Praxis noch der Realität politischer Entscheidungsfindung gerecht. Postfundamentalistische Theorien dechiffrieren solche Entweder-Oder-Konstruktionen als fundamentalistische Nostalgie, deren Streben nach Letztbegründung die wissenschaftstheoretische Anerkennung der Kontingenz unterläuft.

Postfundamentalistische Ansätze bieten damit einen kritischen Blick auf gegenwärtige Krisendiskurse. Sie ermöglichen eine realistische und doch nicht zynische Analyse aktueller gesellschaftlicher Konfliktfelder. Darüber hinaus haben sie das Potenzial, unsere politische Vorstellungskraft zu erweitern. Das Kontingenzmotiv hat nicht nur eine kritisch-befragende Seite, sondern ermöglicht auch konstruktiv, über kontingenzsensible Formen politischer Ordnung nachzudenken. Die Varianten reichen von institutionellen Vorkehrungen, die eine dauerhafte Fixierung hierarchischer Strukturen verhindern, bis hin zu Forderungen periodischer Neugründung, die die Grundstrukturen politischer Ordnung zur Diskussion stellen. Darüber hinaus kann der postfundamentalistische Blick neue Perspektiven auf veritable Gegen-Gründungen eröffnen, die Kontingenzaffirmation mit konkreten politischen Strukturen und Organisationsformen zusammenbringen.

Dabei erschließt sich, wie wir im Zuge unserer Darstellung deutlich gemacht haben, der genuin politische Charakter von Gründungen und Begründungen, wenn wir der Rhetorizität, der Krisenhaftigkeit, der Pluralität und dem aporetischen Wesen von sozialen (Be)Gründungspraktiken Rechnung tragen. Daraus ergibt sich im Zusammenspiel ein Politik- und Demokratieverständnis, das die Elemente der Entgründung, der periodischen Gründung und der hegemonialen Neugründung ins Zentrum stellt. Indem der Postfundamentalismus Rationalität und *Rhetorizität* zusammendenkt, entwirft er eine realistische Konzeption des Gründens und Begründens, die das komplexe Bedingungsverhältnis von Vernunft mit Macht, Affektivität und Begehren reflektiert (→ 1). Die Rede von *Krisen* des Begründens macht auf die Kontingenz von Gründen und Grundlagen aufmerksam, was ein rationalistisches Verständnis von Freiheit in Frage stellt und den Blick auf das Moment emotionalen Ausdrucks richtet (→ 2). Das Motiv der *Pluralisierungen* unterstreicht, dass das Subjekt des Begründens selbst konflikthaft ist. Die Autorität und Glaubwürdigkeit, die wir in unseren Begründungspraktiken zum Einsatz bringen, sind ungleich verteilt – u. a. entlang von sexistischen, rassistischen und anthropozentrischen Verwerfungen –, sodass politische Kämpfe immer auch Kämpfe um die Möglichkeit sind, überhaupt Begründungen vorbringen zu können und Gehör zu finden (→ 3). Die Ausführungen zu den *Aporien* des (Be)Gründens erläutern den abgründigen Charakter sozialer Gründungs- und Begründungspraktiken, d. h. die gleichzeitige Notwendigkeit und Unmöglichkeit von Fundamenten (→ 4). Nimmt man die Momente des Krisenhaften, des Plural-Konflikthaften und des Aporetischen zusammen, dann ergibt sich daraus eine postfundamentalistische Perspektive auf *Politiken* des Gründens und Entgründens, d. h. auf politische Praktiken, in denen entweder die gegebenen Grundlagen des Gemeinwesens entgründend herausgefordert oder neue (prekäre bzw. provisorische) Grundlagen und Institutionen gestiftet werden (→ 5).

Vor diesem Hintergrund bietet die politische Theorie des Postfundamentalismus eine ganze Reihe von Anschlussstellen für zukünftige Forschung – von Philosophie und Politikwissenschaft über Demokratie- und Bewegungsforschung bis hin zu anderen Disziplinen und Feldern wie der Soziologie und der Kulturwissenschaft. In der Philosophie weisen vor allem die aktuellen Entwicklungen im Bereich der *politischen Epistemologie* als einer Denkrichtung, die auf die politischen Implikationen von Wissensordnungen und Erkenntnisregimen reflektiert, produktive Verbindungslinien zur politischen Theorie des Postfundamentalismus auf. Insofern der Postfundamentalismus die Momente der Kontingenz und der Fundierung zusammendenkt, ermöglicht er darüber hinaus, die Frage nach den Möglichkeiten und Begrenzungen kollektiver *politischer Vorstellungskraft* zu adressieren. Angesichts einer Krise politischer Imagination, die verunmöglicht, demokratische Zukunft anders als eine bloße Fortführung des Status quo oder einen Rückfall in ethnozentrische und rassistische Hierarchien zu verstehen, ist es erforderlich, einen radikalen politischen Möglichkeitssinn zurückzugewinnen.

Für die politische Theorie ist damit zugleich die Aufgabe verbunden, radikale Politik abseits der Dichotomie von Blueprint-Utopismus und Anarchie zu denken. Dies findet Widerhall in den aktuell viel diskutierten Konzepten der *Präfiguration*, des *Pre-Enactments* sowie in Diskursen der *Vergesellschaftung* und des *Abolitionismus*. Insofern kann politische Transformation aus postfundamentalistischer Sicht in Prozessen der Hegemoniebildung stattfinden, die immer auch mit dem experimentellen Erproben und Inszenieren alternativer Lebensformen einhergehen. Dazu gehört ein postfundamentalistischer Zugriff auf die Ideengeschichte als Ressource, um vermeintliche politische Selbstverständlichkeiten infrage zu stellen und den Raum des politisch Vorstellbaren zu erweitern. Vergangene und vergessene Institutionen sind dann nicht mehr nur historisch interessant, sondern kommen als Bezugspunkte der Theoriebildung und Selbstreflexion in den Blick.

Was die Demokratie- und Bewegungsforschung betrifft, liefert der Postfundamentalismus eine kritische Perspektive auf verengte empirische Zugangsweisen, die meinen, die Qualität und Beschaffenheit von Demokratie anhand quantifizierbarer Faktoren und Indizes eindeutig messen zu können. Demokratie erweist sich nicht nur als ein System von Verfahren und Prozeduren, sondern als eine konflikthafte Lebensform und ein Ensemble von Praktiken, die immer auch affektiv aufgeladen sind. Das zeigt sich u. a. daran, dass die Grenzen des politischen Demos nicht einfach gegeben sind, sondern politisch gezogen werden und damit auch immer wieder neu vermessen werden können. Das hat im Weiteren Konsequenzen für die Analyse und Bewertung sozialer Bewegungen und Protestformen, wie sie aktuell u. a. im Bereich der *Populismusforschung* vorangetrieben wird. Populistische Politik ist aus dieser Sicht nicht einfach als Verfall der politischen Öffentlichkeit abzutun, sondern als eine spezifische Logik politischer Artikulation zu verstehen, die konkrete und kontextsensible Analysen erfordert.

In der Soziologie können aktuelle Forschungen zum Phänomen gesellschaftlicher Polarisierung von einer postfundamentalistischen Perspektive profitieren. Denn der Postfundamentalismus geht nicht von einem harmonistischen Ideal versöhnter Gesellschaft aus, das in Ausnahmefällen durch Polarisierungsprozesse in Unruhe gebracht wird. Vielmehr machen Antagonismen und Konflikte die Essenz politischen Zusammenlebens aus, wie Oliver Marchart in seiner postfundamentalistischen Gesellschaftstheorie *Das unmögliche Objekt* (2013) zeigt. Aus dieser Sicht sind Polarisierungstheorien vor die Herausforderung gestellt, das Spezifische einer gesellschaftlichen Situation herauszuarbeiten, in der es zu verstärkter Radikalisierung kommt.

Nicht zuletzt bietet sich auch ein produktiver Dialog mit kulturwissenschaftlichen Ansätzen an, um der Rolle von künstlerischen und kulturellen Praktiken in der Legitimation und Kritik bzw. der Gründung und Entgründung gesellschaftlicher Formationen Rechnung zu tragen. In den Blick kommen damit u. a. künstlerische und aktivistische *Gegenpraktiken* und *Gegendiskurse*, die die Kontingenz und Konflikthaftigkeit gegebener institutioneller Settings und Dispositive herausstreichen.[41]

Der Postfundamentalismus weist in all diesen Kontexten über einen rein negativen kritischen Gestus hinaus. Ihn kennzeichnet nicht nur das befragende Moment oder der Hinweis auf die Gemachtheit und Veränderbarkeit gegebener Strukturen. Postfundamentalistisches Denken betont die Notwendigkeit der (Be)Gründung und Neugründung angesichts der Unmöglichkeit einer Letzt(be)gründung und eröffnet nicht zuletzt Möglichkeitsräume für alternative politische Projekte, die Durchsetzungsanspruch und Kontingenzaffirmation vereinen. Damit bietet der Postfundamentalismus nicht nur einen Analyserahmen für ein komplexes Verständnis gegenwärtiger gesellschaftlicher Konflikte abseits einfacher Dichotomien, sondern schafft auch konzeptuelle Voraussetzungen für die Erweiterung unserer politischen Vorstellungskraft, um radikale demokratische Alternativen zum Status quo zu imaginieren.

# Endnoten

1 Vgl. zur Diagnose einer Krise der Wahrheit bzw. der Demokratie Müller 2017; Hendricks/Vestergaard 2018; Levitsky/Ziblatt 2018; Manow 2020; Selk 2023; Blühdorn 2024 sowie kritisch Schaal et al. 2017; Vogelmann 2019; Posselt/Seitz 2020a; Vogelmann/Nonhoff 2021; Posselt/Seitz 2023.

2 Oliver Marchart zeichnet in *Die politische Differenz* (2010) die Rezeptionsgeschichte der Unterscheidung zwischen der Politik und dem Politischen umfassend nach. Weitere Interpretationen dieser Unterscheidung finden sich bei Bedorf/Röttgers 2010; Bröckling/Feustel 2012; Herrmann/Flatscher 2020.

3 Die Kernidee des „Urzustands"-Gedankenexperiments lautet, dass wir uns vorstellen sollen, wir kämen zu einer verfassunggebenden Versammlung zusammen, um uns auf die Grundprinzipien und zentralen Institutionen unserer Gesellschaft zu einigen. Allerdings weiß niemand (das ist der „Schleier des Nichtwissens") über die eigene Stellung in der zukünftigen Gesellschaft und auch nicht über die eigenen Vorlieben, Neigungen und Talente Bescheid. Diese Vorkehrungen sollen dafür sorgen, dass alle, die an der Beratung beteiligt sind, schon aus egoistischen Interessen auf eine egalitäre und faire Gesellschaft hinwirken (vgl. Rawls 1971, 159–65).

4 Damit grenzt sich Habermas von Rawls ab: Während Rawls universale Gerechtigkeitsprinzipien etablieren möchte, die der politischen Auseinandersetzung entzogen sind, geht Habermas davon aus, dass das bereits eine zu starke Einschränkung politischer Deliberationsprozesse darstellt. Offen für den Dialog mit postfundamentalistischen Theorieansätzen ist Rainer Forsts Variante deliberativer Theorie, die das Moment der Rechtfertigung ins Zentrum stellt (vgl. Forst 1996; 2011).

5 Steffen Herrmann spricht in seiner Studie *Demokratischer Streit* (2023) diesbezüglich von „unvernehmlichen Meinungsverschiedenheiten" im Gegensatz zu Meinungsverschiedenheiten, die ein geteiltes Vernunftverständnis voraussetzen.

6 Wie Rahel Jaeggi und Thilo Wesche hervorheben, bestimmt Hegel „mit dieser Verlagerung vom Staunen auf die Erfahrung realhistorischer Konflikte und Krisen nicht nur das Motiv des Philosophierens neu", sondern legt auch „den Grundstein für ein neuartiges Selbstverständnis der Philosophie, demzufolge Vernunft mit Kritik gleichgesetzt wird" (Jaeggi/Wesche 2009, 11).

7 Die antike Kritik an der Dichotomie von Vernunft und Rhetorik lässt sich, wie Andreas Hetzel (2010) gezeigt hat, für die moderne Sprachphilosophie und das politische Denken fruchtbar machen. Vgl. zu einer Dekonstruktion der Opposition von (rhetorischem) Überreden und (philosophischem) Überzeugen auch Posselt/Hetzel 2023 sowie zur Geschichte des Selbstverständnisses der Philosophie gegenüber der Rhetorik Seitz/Posselt 2017.

8 Eine zeitgenössische Variante der Epistokratie, in der die Stimmen Gebildeter mehr Gewicht haben sollen, legt Jason Brennan in *Against Democracy* (2016) vor. Weniger drastische Konsequenzen ziehen Ansätze epistemischer Demokratie (vgl. Cohen 1986; Estlund 2009).

9 Der Begriff der radikalen Aufklärung geht auf die historischen Arbeiten von Margaret C. Jacob (2006) zurück. Jonathan Israel hat das Konzept der radikalen Aufklärung in Bezug auf die Genealogie moderner Demokratie aufgegriffen (2011).

10 Seit einigen Jahren werden realistische Positionen in der politischen Theorie verstärkt diskutiert. Als Hauptvertreter:innen gelten Bernard Williams (2002; 2005) und Raymond Geuss (2008; 2010; 2023), die Politik nicht auf die Anwendung moralischer Prinzipien reduzieren, sondern die Einbettung in konkrete, konflikthafte Praxis betonen. Ideengeschichtliche Vorläufer sind Aristoteles, Machiavelli und Hobbes. Zum politischen Realismus als kritische Theorie und Ideologiekritik vgl. Prinz 2016; Prinz/Rossi 2017; Westphal 2022; Aytac/Rossi 2023. Zum Verhältnis von Realismus und Demokratietheorie vgl. Busen/Weiß 2022.

11 Vgl. zur politischen Bartleby-Rezeption Rebentisch 2014.

12 Vgl. zur Debatte um die Frage des historischen Determinismus bei Marx Wood 2016; Kouvelakis 2020; Gronow 2020; Kuchenbuch 2022.

13 Vgl. für eine allgemeine Einführung in Gramscis politisches Denken Femia 1987 sowie zur (post)marxistischen Interpretation von Gramsci Mouffe 1979; Thomas 2011.

14 In der politischen Theorie sowie in feministischen Debatten wurde dabei insbesondere der erste Band der Geschichte der Sexualität, *Der Wille zum Wissen* (Foucault 1976), breit rezipiert. Weiterführende Überlegungen zu Foucaults Idee der Genealogie finden sich bei Martin Saar (2007) und Thomas Lemke (2019).

15 Die Psychoanalyse, insbesondere in der Interpretation Lacans, wird seit einiger Zeit vermehrt als Ressource für politische Theoriebildung produktiv gemacht. Vgl. Stavrakakis 2002; 2007; Butler et. al 2000.

16 Neben Richard Rorty gehören Ende des 19. Jahrhunderts außerdem Charles S. Peirce (1878) und William James (1907) sowie in der zweiten Generation John Dewey (1927) zu den Hauptvertreter:innen des US-amerikanischen Pragmatismus. Eine Sammlung zentraler Texte bieten Talisse/Aikin 2011.

17 Eine hilfreiche Darstellung von Wittgensteins Sprachphilosophie findet sich in Posselt/Flatscher 2016, 124–54.

18 Eine wirkmächtige Interpretationen des Regelfolgens bei Wittgenstein hat Saul Kripke (1982) vorgelegt. Vgl. zudem Flatscher 2014, 175–94.

19 Judith Butler (1997; 2015) hat Austins Konzept des Performativen für das politische Denken aufgegriffen. Weitere wichtige Bezugnahmen finden sich bei Jacques Derrida (1988) und Shoshana Felman (1980). Vgl. zur Relevanz des Performativen für das politische Denken auch Posselt 2009 und Rolf 2009.

20 Vgl. zum Verhältnis von postfundamentalistischer Theorie und Pragmatismus Mouffe 1999; Browne 2009; von Ramin 2022; West 2024.

21 Vgl. für einen Überblick zur feministischen Epistemologie Alcoff/Potter 1993 sowie Hoppe/Vogelmann 2024. Stark rezipiert wurde Miranda Frickers *Epistemische Ungerechtigkeit* (2007).

22 Während postkoloniale Theorien die Verflechtung und wechselseitige Konstitution von kolonisierenden und kolonisierten Akteuren betonen, zielen dekoloniale Theorien auf eine Loslösung von westlichen Wissensformen. Vgl. zum Konzept des *delinking* Mignolo 2007; 2018.

23 Mit dem Konzept des „strategischen Essentialismus" beschreibt Spivak (1990, 11 f.) die politische Taktik marginalisierter Gruppen, sich aus strategischen Gründen für eine begrenzte Zeit mit einem Identitätsmerkmal zu repräsentieren.

24 Die meisten Ansätze der politischen Ökologie verstehen sich als „Neue Materialismen". Vgl. für eine Einführung Hoppe/Lemke 2023.

25 Vgl. zum Verhältnis zwischen Heidegger und dem Pragmatismus Flatscher 2014 sowie Posselt/Flatscher 2016. Ein Kommentar zu Heideggers *Sein und Zeit* findet sich bei Gerhard Thonhauser (2022). Heideggers Verstrickung in den Nationalsozialismus wurde u. a. von Emmanuel Faye (2014) und Victor Farías (2017) aufgearbeitet. Die seit kurzem zugänglichen *Schwarzen Hefte,* in denen Heideggers Aufnahme nationalsozialistischen Gedankenguts deutlich wird, diskutieren Heinz/Kellerer 2016.

26 Oliver Marchart spricht von einem „Linksheideggerianismus", um darauf hinzuweisen, dass postfundamentalistische Denker:innen auf Heideggers Figur eines gleichzeitig ‚gründenden' und ‚grundlosen' Grundes zurückgreifen. Insofern ist Heidegger für Marchart der „wichtigste Wegbereiter des Postfundamentalismus" (Marchart 2010, 245, 67).

27 Die Disability Studies begreifen Behinderung nicht als natürliche Disposition, sondern als etwas, das diskursiv und materiell hergestellt wird. Vgl. u. a. Watson et al. 2022 sowie Waldschmidt 2022.

28 Wie viele andere politische Denker:innen verpasst es auch Arendt, neben der Amerikanischen und der Französischen Revolution die Haitianische Revolution (1791–1804) als Gründungsereignis der modernen Welt zu analysieren. Vgl. zur ideengeschichtlichen Bedeutung der Haitianischen Revolution James 1938; Nesbitt 2008; Buck-Morss 2011; Ehrmann 2024.

29 Christoph Menke und Arnd Pollmann gehen in ihrer Einführung zur *Philosophie der Menschenrechte* (2017, 129–66) umfassend auf den ersten Satz des Grundgesetzes ein.

30 In seinem späteren Werk *Politischer Liberalismus* (1993) revidiert Rawls das Argument der universellen Gültigkeit der Gerechtigkeitsprinzipien teilweise und beschränkt es auf moderne, liberale Verfassungsdemokratien. Dieses Zugeständnis wird als die ‚politische Wende' in Rawls' Denken bezeichnet..

31 Wichtige historische Studien haben Du Bois (1935) und James (1938) geliefert.

32 Vgl. zum dezidiert intersektionalen Anspruch des Abolitionismus Davis et al. 2022.

33 Andreas Oberprantacher (2016) greift den theoretischen Rahmen Rancières auf, um diese Protestformen Geflüchteter zu beschreiben.

34 Überlegungen dazu finden sich u. a. bei Chambers 2013; Posselt/Seitz 2019; Rodatos/Trimçev 2021, 126 ff.

35 Carl Schmitt (1932) hält die existentielle antagonistische Unterscheidung zwischen Freund und Feind für das zentrale Merkmal des Politischen. Schmitts Nähe zum Nationalsozialismus – er wird immer wieder als „Kronjurist" Hitlers bezeichnet – sowie seine antisemitischen Positionen sind gut dokumentiert. Bis heute dient seine Theorie der sogenannten Neuen Rechten als Referenzpunkt; vgl. Mehring 2009; Hacke 2020; Buchstein 2024.

36 Mouffes explizite Verteidigung der Grundstrukturen moderner liberaler Demokratien sowie ihre Betonung des liberalen Freiheitsstrebens als Gegengewicht zum demokratischen Gleichheitsanspruch lassen sie beizeiten als Liberale wider Willen erscheinen; vgl. Wingenbach 2011; Rzepka/Straßenberger 2014; Gebh 2020.

37 Vgl. zur Metapher des Spiels in Bezug auf das Konzept der Kontingenz im Allgemeinen und agonistischer politischer Theorie im Besonderen Trimçev 2018.

38 In Abgrenzung zu diesem klassischen Konzept zivilen Ungehorsams, das sich stark an John Rawls orientiert, haben sich in den letzten Jahren radikalere Interpretationen zur Bedeutung und Funktion zivilen Ungehorsams entwickelt, die u. a. das Gebot der Gewaltfreiheit und der Akzeptanz der Strafe in Frage stellen. Vgl. dazu Celikates 2016; 2021; Pineda 2015; 2021; Scheuerman 2014; 2015.

39 In seiner letzten Monographie *On Populist Reason* (2005) skizziert Laclau diese allgemeine Logik der Hegemonie besonders konzise.

40 Laclaus Populismus- und Hegemonietheorie ist keiner bestimmten politischen Ideologie verpflichtet. Neben der Popularität in progressiven Kreisen wird sein Ansatz beizeiten auch von rechtspopulistischen und rechtsextremen Kreisen rezipiert, vgl. Hildebrand 2017; Kim 2017.

41 Das ERC Projekt *Prefiguring Democratic Futures. Cultural and Theoretical Responses to the Crisis of Political Imagination* (PREDEF) an der Universität Wien bringt unter der Leitung von Oliver Marchart philosophische, politiktheoretische, ideengeschichtliche sowie kulturwissenschaftliche Forschung mit dem Ziel zusammen, durch interdisziplinären Austausch und Kollaboration die politische Vorstellungskraft zu erweitern.

# Literaturverzeichnis


Abensour, Miguel. 2002. „‚Savage Democracy' and ‚Principle of Anarchy'". *Philosophy & Social Criticism* 28(6): 703–26.

—. 1997a. *Demokratie gegen den Staat: Marx und das machiavellische Moment*. Berlin: Suhrkamp 2012.

—. 1997b. *Democracy Against the State: Marx and the Machiavellian Moment*. Cambridge: Polity 2011.

Adorno, Theodor W. 1966. *Negative Dialektik*. Frankfurt/M.: Suhrkamp 2000.

Agamben, Giorgio. 1985. *Idee der Prosa*. Nachwort Reimar Klein. Frankfurt/M.: Suhrkamp 2003.

—. 1993. *Bartleby oder die Kontingenz/Die absolute Immanenz*. Berlin: Merve 1998.

Ahmed, Sara. 2006. *Queer Phenomenology. Orientations, Objects, Others*. Durham: Duke UP.

Alcoff, Linda Martín. 1991. *Das Problem, für andere zu sprechen*. Hg. und mit einem Nachwort von Marina Martinez Mateo. Ditzingen: Reclam 2023.

Alcoff, Linda Martín/Potter, Elizabeth. 1993. *Feminist Epistemologies*. London: Routledge.

Arendt, Hannah. 1963. *Über die Revolution*. München: Piper 2011.

—. 1967. *Wahrheit und Lüge in der Politik*. München: Piper 2006.

Aristoteles. Rhet. *Rhetorik*. Stuttgart: Reclam 2017.

Austin, John L. 1955. *Zur Theorie der Sprechakte. (How To Do Things with Words.)* Deutsche Bearb. von Eike von Savigny. Stuttgart: Reclam 2002.

Austin, John L. 1979. *Gesammelte philosophische Aufsätze*. Übers. und hg. von Joachim Schulte. Stuttgart: Reclam 1986.

Aytac, Ugur/Rossi, Enzo. 2023. „Ideology Critique without Morality: A Radical Realist Approach". *American Political Science Review* 117(4): 1215–27.

Babka, Anna/Posselt, Gerald. 2016. *Gender und Dekonstruktion. Begriffe und kommentierte Grundlagentexte der Gender- und Queer-Theorie*. Unter Mitarb. von Sergej Seitz und Matthias Schmidt. Wien: facultas/UTB [2]2024.

Barthes, Roland. 1977. *Fragmente einer Sprache der Liebe*. Frankfurt/M.: Suhrkamp 2021.

Bedorf, Thomas. 2021. „Instituting Institutions: An Exploration of the Political Phenomenology of ‚Stiftung'". *Political Phenomenology: Experience, Ontology, Episteme*, hg. von Thomas Bedorf und Steffen Herrmann, 239–255. New York: Routledge.

Bedorf, Thomas/Röttgers, Kurt. 2010. *Das Politische und die Politik*. Frankfurt/M.: Suhrkamp.

Benjamin, Walter. 1921. „Zur Kritik der Gewalt." *Gesammelte Schriften* II.1, hg. von Rolf Tiedemann u. Hermann Schweppenhäuser, 179–201. Frankfurt/M.: Suhrkamp 1991.

Bennett, Jane. 2001. *The Enchantment of Modern Life: Attachments, Crossings, and Ethics*. Princeton: Princeton UP.

—. 2005. „In Parliament with Things". *Radical Democracy. Politics Between Abundance and Lack*, hg. von Lars Tønder u. Lasse Thomassen, 133–48. Manchester: Manchester UP.

—. 2010. *Vibrant Matter: A Political Ecology of Things*. Durham: Duke UP.

Benveniste, Émile. 1972. *Probleme der allgemeinen Sprachwissenschaft*. München: List 1974.

Bhabha, Homi K. 1994. *Die Verortung der Kultur*. Vorw. von Elisabeth Bronfen. Tübingen: Stauffenburg 2011.

Blühdorn, Ingolfur. 2024. *Unhaltbarkeit. Auf dem Weg in eine andere Moderne*. Berlin: Suhrkamp.

Brennan, Jason. 2016. *Against Democracy*. Princeton: Princeton UP.

Bröckling, Ulrich/Feustel, Robert. 2012. *Das Politische denken. Zeitgenössische Positionen*. Bielefeld: transcript.

Browne, Craig. 2009. „Pragmatism and Radical Democracy". *Critical Horizons* 10(1): 54–75.

Buchstein, Hubertus. 2024. *Enduring Enmity. The Story of Otto Kirchheimer and Carl Schmitt*. Bielefeld: transcript.

Buck-Morss, Susan. 2011. *Hegel und Haiti. Für eine neue Universalgeschichte*. Berlin: Suhrkamp.

Busen, Andreas/Weiß, Alexander. 2022. „Realität und Realismus in der Demokratietheorie: Wirklich demokratisch? Für eine realistische Demokratietheorie". *Zeitschrift für Politische Theorie* 13(1–2): 5–21.

Butler, Judith. 1991. *Das Unbehagen der Geschlechter*. Berlin: Suhrkamp 2023.

—. 1995. „Kontingente Grundlagen. Der Feminismus und die Frage der ‚Postmoderne'". *Der Streit um Differenz: Feminismus und Postmoderne in der Gegenwart*, hg. von Seyla Benhabib u. a., 31–58. Frankfurt/M.: Fischer.

—. 1997. *Haß spricht. Zur Politik des Performativen*. Frankfurt/M.: Suhrkamp 2006.

—. 2015. *Anmerkungen zu einer performativen Theorie der Versammlung*. Berlin: Suhrkamp 2018.

Butler, Judith/Laclau, Ernesto/Žižek, Slavoj. 2000. *Kontingenz, Hegemonie, Universalität. Aktuelle Dialoge zur Linken*, hg. von Gerald Posselt unter Mitarb. von Sergej Seitz. Wien: Turia+Kant 2013.

Celikates, Robin. 2016. „Rethinking Civil Disobedience as a Practice of Contestation – Beyond the Liberal Paradigm". *Constellations* 23(1): 37–45.

—. 2021. „Radical Democratic Disobedience". In *The Cambridge Companion to Civil Disobedience*, hg. von William E. Scheuerman, 128–52. Cambridge: Cambridge UP.

Chambers, Samuel A. 2013. *The Lessons of Rancière*. Oxford: Oxford UP.

Cohen, Joshua. 1986. „An Epistemic Conception of Democracy". *Ethics* 97(1): 26–38.

Crenshaw, Kimberle. 1989. „Demarginalizing the Intersection of Race and Sex: A Black Feminist Critique of Antidiscrimination Doctrine, Feminist Theory and Antiracist Policies". *University of Chicago Legal Forum* 1: 139–67.

Davis, Angela Y. 2003. *Are Prisons Obsolete?* New York: Seven Stories.

—. 2022a. „Gefängnisreform oder Abschaffung des Gefängnisses?" In *Abolitionismus: Ein Reader*, hg. von Daniel Loick und Vanessa E. Thompson, 127–39. Berlin: Suhrkamp.

—. 2022b. „Strategien zur Abschaffung des Gefängnisses". In *Abolitionismus: Ein Reader*, hg. von Daniel Loick und Vanessa E. Thompson, 504–14. Berlin: Suhrkamp.

Davis, Angela Y./Dent, Gina/Meiners, Erica R./Richie, Beth E. 2022. *Abolition. Feminism. Now.* Chicago: Haymarket.

Deleuze, Gilles. 1993. *Bartleby oder die Formel.* Berlin: Merve 2011.

Deleuze, Gilles/Foucault, Michel. 1977. *Der Faden ist gerissen.* Berlin: Merve.

Derrida, Jacques. 1967. *Die Schrift und die Differenz.* Frankfurt/M.: Suhrkamp 2006.

—. 1971. „Die weiße Mythologie. Die Metapher im philosophischen Text". In Ders.: *Randgänge der Philosophie*, 229–90. Wien: Passagen 1999.

—. 1976. „Unabhängigkeitserklärungen". In Ders. u. Friedrich Kittler: *Nietzsche – Politik des Eigennamens. Wie man abschafft, wovon man spricht*, 9–19. Berlin: Merve 2002.

—. 1988. *Limited Inc.* Wien: Passagen 2001.

—. 1991. *Gesetzeskraft. Der „mystische Grund der Autorität".* Frankfurt/M.: Suhrkamp 2017.

Descartes, René. 1641. *Meditationen über die Grundlagen der Philosophie*, hg. von Lüder Gäbe. Hamburg: Meiner 1976.

Dewey, John. 1927. *Die Öffentlichkeit und ihre Probleme.* Berlin: Suhrkamp 2024.

Dörfler, Sebastian. 2012. „An die Arbeit. Warum Bartleby sich selbst abschaffen müsste". *Sebastian Dörfler* (blog). http://sebastian-doerfler.de/2012/09/an-die-arbeit-warum-bartleby-sich-selbst-abschaffen-musste/.

Dostojewski, Fjodor. 1864. *Aufzeichnungen aus dem Kellerloch.* Frankfurt/M.: Fischer 2003.

Du Bois, W.E.B. 1935. *Black Reconstruction. An Essay toward a History of the Part Which Black Folk Played in the Attempt to Reconstruct Democracy in America, 1860–1880.* New York: Harcourt, Brace and Company.

Ehrmann, Jeanette. 2024. *Tropen der Freiheit. Die Haitianische Revolution und die Dekolonisierung des Politischen.* Berlin: Suhrkamp.

Engels, Friedrich. 1888. *Ludwig Feuerbach und der Ausgang der klassischen deutschen Philosophie.* MEW Bd. 21. Berlin: Dietz 1962.

Errejón, Inigo/Mouffe, Chantal. 2016. *Podemos. In the Name of the People.* London: Lawrence & Wishart.

Escobar, Arturo. 2018. *Designs for the Pluriverse. Radical Interdependence, Autonomy, and the Making of Worlds.* Durham: Combined AP.

Estlund, David. 2009. *Democratic Authority. A Philosophical Framework.* Princeton: Princeton UP.

Farías, Victor. 2017. *Heidegger und der Nationalsozialismus.* Frankfurt/M.: Fischer.

Faye, Emmanuel. 2014. *Heidegger: Die Einführung des Nationalsozialismus in die Philosophie.* Berlin: Matthes & Seitz.

Feldman, Karen S. 2017. „Marxism and the Frankfurt School: Rhetoric as Critique". In *Handbuch Rhetorik und Philosophie*, hg. von Andreas Hetzel und Gerald Posselt, 265–79. Berlin: de Gruyter.

Felman, Shoshana. 1980. *The Scandal of the Speaking Body. Don Juan with J. L. Austin, or Seduction in Two Languages.* Stanford: Stanford UP 2002.

Femia, Joseph V. 1987. *Gramsci's Political Thought. Hegemony, Consciousness, and the Revolutionary Process.* Oxford: Oxford UP.

Fisher, Mark. 2009. *Kapitalistischer Realismus ohne Alternative?* Hamburg: VSA 2013.

Flatscher, Matthias. 2014. *Logos und Lethe. Zur phänomenologischen Sprachauffassung im Spätwerk von Heidegger und Wittgenstein.* Freiburg: Alber.

Flügel-Martinsen, Oliver. 2016. *Befragungen des Politischen. Subjektkonstitution – Gesellschaftsordnung – Radikale Demokratie.* Berlin: Springer.

Forst, Rainer. 1996. *Kontexte der Gerechtigkeit. Politische Philosophie jenseits von Liberalismus und Kommunitarismus.* Frankfurt/M.: Suhrkamp.

—. 2011. *Kritik der Rechtfertigungsverhältnisse. Perspektiven einer kritischen Theorie der Politik.* Berlin: Suhrkamp.

Foucault, Michel. 1969. *Archäologie des Wissens.* Berlin: Suhrkamp 2022.

—. 1976. *Der Wille zum Wissen.* Frankfurt/M.: Suhrkamp 1987.

Freud, Sigmund. 1900. *Die Traumdeutung.* Studienausg. Bd. 2. Frankfurt/M.: Fischer 1982.

Freud, Sigmund. 1904. *Zur Psychopathologie des Alltagslebens. Über Vergessen, Versprechen, Vergreifen, Aberglaube und Irrtum.* Frankfurt/M.: Fischer 2009.

Fricker, Miranda. 2007. *Epistemische Ungerechtigkeit: Macht und die Ethik des Wissens.* München: Beck 2023.

Gebh, Sara. 2020. „Zwischen Ordnung und Nicht-Ordnung. Demokratische Stasis als Alternative zum radikal-demokratischen Konfliktbegriff" In *Institutionen des Politischen. Perspektiven der radikalen Demokratietheorie,* hg. von Steffen Herrmann und Matthias Flatscher, 111–38. Baden-Baden: Nomos.

Geuss, Raymond. 2008. *Philosophy and Real Politics.* Princeton: Princeton UP.

—. 2010. „Realismus, Wunschdenken, Utopie". *Deutsche Zeitschrift für Philosophie* 58(3): 419–30.

—. 2023. *Nicht wie ein Liberaler denken.* Berlin: Suhrkamp.

Gilligan, Carol. 1982. *Die andere Stimme. Lebenskonflikte und Moral der Frau.* München: Piper 1998.

Gilmore, Ruth Wilson. 2018. „Making Abolition Geography in California's Central Valley". *The Funambulist* (blog). https://thefunambulist.net/magazine/21-space-activism/interview-making-abolition-geography-california-central-valley-ruth-wilson-gilmore.

Gramsci, Antonio. 1935. *Gramsci lesen. Einstiege in die „Gefängnishefte"*, hg. von Florian Becker u. a. Hamburg: Argument 2017.

Gronow, Jukka. 2020. „Karl Kautsky (1854–1938)". *Routledge Handbook of Marxism and Post-Marxism,* hg. von Alex Callinicos u. a., 66–74. New York: Routledge.

Habermas, Jürgen. 1972. „Wahrheitstheorien". In Ders.: *Vorstudien und Ergänzungen zur Theorie des kommunikativen Handelns,* 127–83. Frankfurt/M.: Suhrkamp.

—. 1988. „Die Einheit der Vernunft in der Vielheit ihrer Stimmen". *Merkur* 42(1): 1–14.

Hacke, Jens. 2020. „Carl Schmitt. Antiliberalismus, identitäre Demokratie und Weimarer Schwäche". In *Das alte Denken der Neuen Rechten. Die langen Linien der antiliberalen Revolte,* hg. von Ralf Fücks u. Christoph Becker, 30–48. Frankfurt/M.: Wochenschau.

Haraway, Donna. 1988. „Situiertes Wissen. Die Wissenschaftsfrage im Feminismus und das Privileg einer partialen Perspektive". In Dies.: *Die Neuerfindung der Natur. Primaten, Cyborgs und Frauen,* 73–97. Frankfurt/M.: Campus 1995.

Hardt, Michael/Negri, Antonio. 2000. *Empire: Die neue Weltordnung*. Frankfurt/M.: Campus 2002.
—. 2011. „The Fight for ‚Real Democracy' at the Heart of Occupy Wall Street". *Foreign Affairs*.
Harney, Stefano/Moten, Fred. 2013. *Die Undercommons: Flüchtige Planung und schwarze Studien*. Wien: transversal 2016.
Hegel, G.W.F. 1807. *Jenaer Schriften 1801–1807*. Frankfurt/M.: Suhrkamp 2000.
—. 1818. *Vorlesungen über die Ästhetik*. Werke Bd. 13. Frankfurt/M.: Suhrkamp 1970.
—. 1831. *Vorlesungen über die Philosophie der Geschichte*. Werke Bd. 12. Frankfurt/M: Suhrkamp 1989.
Heidegger, Martin. 1927. *Sein und Zeit*. GA 2. Frankfurt/M.: Klostermann 1976.
—. 1935. „Der Ursprung des Kunstwerkes", *Holzwege*. GA 5, 1–74. Frankfurt/M.: Klostermann 1977.
—. 1936. *Beiträge zur Philosophie (Vom Ereignis)*. GA 65. Frankfurt/M.: Klostermann 1989.
Heinz, Marion/Kellerer, Sidonie. 2016. *Martin Heideggers „Schwarze Hefte": Eine philosophisch-politische Debatte*. Berlin: Suhrkamp.
Hendricks, Vincent F./Vestergaard, Mats. 2018. *Postfaktisch. Die neue Wirklichkeit in Zeiten von Bullshit, Fake News und Verschwörungstheorien*. München: Blessing.
Herrmann, Steffen. 2020. „Radikaldemokratische Institutionen. Gruppenvertretung und Volkstribunat". In *Institutionen des Politischen: Perspektiven der radikalen Demokratietheorie*, hg. von Steffen Herrmann und Matthias Flatscher, 225–50. Baden-Baden: Nomos.
—. 2023. *Demokratischer Streit. Eine Phänomenologie des Politischen*. Baden-Baden: Nomos.
Herrmann, Steffen/Flatscher, Matthias, Hg. 2020. *Institutionen des Politischen: Perspektiven der radikalen Demokratietheorie*. Baden-Baden: Nomos.
Hetzel, Andreas. 2010. *Die Wirksamkeit der Rede. Zur Aktualität klassischer Rhetorik für die moderne Sprachphilosophie*. Bielefeld: transcript.
Hildebrand, Marius. 2017. *Rechtspopulismus und Hegemonie: Der Aufstieg der SVP und die diskursive Transformation der politischen Schweiz*. Bielefeld: transcript.
Honig, Bonnie. 1993. *Political Theory and the Displacement of Politics*. Ithaca: Cornell UP.
—. 2007. „Between Decision and Deliberation: Political Paradox in Democratic Theory". *The American Political Science Review* 101 (1): 1–17.
—. 2009. *Emergency Politics: Paradox, Law, Democracy*. Princeton: Princeton UP.
—. 2021. *A Feminist Theory of Refusal*. Cambridge: Harvard UP.
Honneth, Axel. 2000. *Das Andere der Gerechtigkeit. Aufsätze zur praktischen Philosophie*. Frankfurt/M.: Suhrkamp 2004.
Honneth, Axel/Rancière, Jacques. 2021. *Anerkennung oder Unvernehmen? Eine Debatte*. Berlin: Suhrkamp.
Hoppe, Katharina/Lemke, Thomas. 2023. *Neue Materialismen zur Einführung*. Hamburg: Junius.
Hoppe, Katharina/Vogelmann, Frieder. 2024. *Feministische Epistemologien. Ein Reader*. Berlin: Suhrkamp.
Horkheimer, Max/Adorno, Theodor W. 1945. *Dialektik der Aufklärung. Philosophische Fragmente*. Frankfurt/M.: Fischer 2006.

Husserl, Edmund. 1929. *Cartesianische Meditationen und Pariser Vorträge*. Husserliana Bd. 1. Dordrecht: Springer 1991.

Huyssteen, J. Wentzel van. 1997. *Essays in Postfoundationalist Theology*. Grand Rapids: Eerdmans.

IJsseling, Samuel. 1982. „Philosophie und Textualität. Über eine rhetorische Lektüre philosophischer Texte". In *Zur Phänomenologie des philosophischen Textes*, 57–76. Freiburg: Alber.

Irigaray, Luce. 1974. *Speculum, de l'autre femme*. Paris: Minuit.

Israel, Jonathan. 2011. *A Revolution of the Mind. Radical Enlightenment and the Intellectual Origins of Modern Democracy*. Princeton: Princeton UP.

Jacob, Margaret. 2006. *The Radical Enlightenment. Pantheists, Freemasons and Republicans*. Lafayette: Cornerstone.

Jaeggi, Rahel/Wesche, Tilo, Hg. 2009. *Was ist Kritik?* Frankfurt/M.: Suhrkamp.

James, C.L.R. 1938. *The Black Jacobins*. New Haven: Vintage Books 1963.

James, William. 1907. *Pragmatism: A New Name for some Old Ways of Thinking*. Cambridge: Harvard UP.

Joas, Hans. 2005. „Glaube und Moral im Zeitalter der Kontingenz". In *Ethik im Konflikt der Überzeugungen*, 11–24. Fribourg: Acad. Press.

Jones, Ernest. 1975. „Rationalisierung Im Alltagsleben". *Psyche* 29(12): 1132–40.

Kalyvas, Andreas. 2005. ‚Popular Sovereignty, Democracy, and the Constituent Power.' *Constellations*, 12(2): 223–244.

—. 2008. *Democracy and the Politics of the Extraordinary: Max Weber, Carl Schitt and Hannah Arendt*. Cambridge: Cambridge UP.

Kant, Immanuel. 1784. *Was ist Aufklärung?* Ausgew. kl. Schriften. Hamburg: Meiner 1999.

—. 1785. *Grundlegung zur Metaphysik der Sitten*. Kommentar von Christoph Horn u. a. Frankfurt/M.: Suhrkamp 2007.

Kim, Seongcheol. 2017. „The Populism of the Alternative for Germany (AfD): An Extended Essex School Perspective". *Palgrave Communications* 3(1): 1–11.

Kouvelakis, Stathis. 2020. „Beyond Marxism? the ‚Crisis of Marxism' and the Post-Marxist Moment". In *Routledge Handbook of Marxism and Post-Marxism*, hg. von Alex Callinicos u. a., 337–50. London: Routledge.

Kripke, Saul A. 1982. *Wittgenstein über Regeln und Privatsprache. Eine elementare Darstellung*. Frankfurt/M.: Suhrkamp 2006.

Kuchenbuch, Ludolf. 2022. *Marx, feudal*. Berlin: Dietz.

Lacan, Jacques. 1949. „Das Spiegelstadium als Gestalter der Funktion des Ichs, so wie sie uns in der psychoanalytischen Erfahrung offenbart wird." *Schriften* Bd. 1, 109–117. Wien: Turia+Kant 2016.

Laclau, Ernesto. 1990. *New Reflections on the Revolution of Our Time*. London: Verso.

—. 2005. *On Populist Reason*. London: Verso.

Laclau, Ernesto/Mouffe, Chantal. 1985. *Hegemonie und radikale Demokratie. Zur Dekonstruktion des Marxismus*. Wien: Passagen 2000.

Landau, Friederike/Pohl, Lucas/Roskamm, Nikolai. 2021. *[Un]Grounding: Post-Foundational Geographies*. Bielefeld: transcript.

Latour, Bruno. 1991. *Wir sind nie modern gewesen. Versuch einer symmetrischen Anthropologie*. Berlin: Akademie 1995.

—. 1999. *Das Parlament der Dinge. Für eine politische Ökologie*. Frankfurt/M.: Suhrkamp 2009.

—. 2017. *Kampf um Gaia. Acht Vorträge über das neue Klimaregime*. Berlin: Suhrkamp 2023.

Lefort, Claude. 1990. „Die Frage der Demokratie". In *Autonome Gesellschaft und libertäre Demokratie*, hg. von Ulrich Rödel, 281–97. Frankfurt/M.: Suhrkamp.

Lemke, Thomas. 2019. *Eine Kritik der politischen Vernunft. Foucaults Analyse der modernen Gouvernementalität*. Hamburg: Argument.

Levitsky, Steven/Ziblatt, Daniel. 2018. *Wie Demokratien sterben. Und was wir dagegen tun können*. München: DVA.

Loidolt, Sophie. 2019. *Phenomenology of Plurality. Hannah Arendt on Political Intersubjectivity*. New York: Routledge.

Lukács, Georg. 1916. *Die Theorie des Romans. Ein geschichtsphilosophischer Versuch über die Formen der großen Epik*. Darmstadt: Luchterhand 1987.

Lyotard, Jean-François. 1984. *Der Widerstreit*. München: Fink 1989.

Manow, Philip. 2020. *(Ent-)Demokratisierung der Demokratie*. Berlin: Suhrkamp.

Marchart, Oliver. 2007. *Post-Foundational Political Thought. Political Difference in Nancy, Lefort, Badiou and Laclau*. Edinburgh: Edinburgh UP.

—. 2010. *Die politische Differenz. Zum Denken des Politischen bei Nancy, Lefort, Badiou, Laclau and Agamben*. Frankfurt/M.: Suhrkamp.

—. 2013. *Das unmögliche Objekt. Eine postfundamentalistische Theorie der Gesellschaft*. Berlin: Suhrkamp.

—. 2017. *Ordnungen des Politischen. Einsätze und Wirkungen der Hegemonietheorie Ernesto Laclaus*. Wiesbaden: Springer.

—. 2018. *Thinking Antagonism: Political Ontology after Laclau*. Edinburgh: Edinburgh UP.

Marx, Karl/Engels, Friedrich. 1846. *Die deutsche Ideologie*. MEW. Berlin: Dietz 1990.

Mehring, Reinhard. 2009. *Carl Schmitt. Aufstieg und Fall*. München: Beck.

Melville, Herman. 1853. „Bartleby". *Meistererzählungen*. Aus dem Amerik. von Günther Steinig, mit e. Nachw. von Hans-Rüdiger Schwab, 31–90. Zürich: Diogenes 2019.

Menke, Christoph/Pollmann, Arnd. 2017. *Philosophie der Menschenrechte zur Einführung*. Hamburg: Junius.

Mignolo, Walter D. 2007. „Delinking. The Rhetoric of Modernity, the Logic of Coloniality and the Grammar of De-Coloniality". *Cultural Studies* 21(2–3): 449–514.

—. 2018. „The Decolonial Option". In *On Decoloniality: Concepts, Analytics, Praxis*, von Walter D. Mignolo und Catherin E. Walsh, 105–244. Durham: Duke UP.

Mohanty, Chandra. 1988. „Under Western Eyes. Feminist Scholarship and Colonial Discourses". *Feminist Review* 30: 61–88.

Mouffe, Chantal. 1979. *Gramsci and Marxist Theory*. London: Routledge.

—. Hg. 1999. *Dekonstruktion und Pragmatismus. Demokratie, Wahrheit und Vernunft*. Wien: Passagen.

—. 2005. *On the Political*. London: Routledge.

—. 2014. *Agonistik. Die Welt politisch denken*. Berlin: Suhrkamp.

—. 2018. *Das demokratische Paradox*. Wien: Turia+Kant.

—. 2019. *For a Left Populism*. London: Verso.

Müller, Jan-Werner. 2017. *Fake Volk? Über Wahrheit und Lüge im populistischen Sinne*. Kursbuch.

Negri, Antonio. 1999. *Insurgencies. Constituent Power and the Modern State*. Minneapolis: University of Minnesota Press.

Nesbitt, Nick. 2008. *Universal Emancipation: The Haitian Revolution and the Radical Enlightenment*. Charlottesville: University of Virginia Press.

Nietzsche, Friedrich. 1873. „Ueber Wahrheit und Lüge im aussermoralischen Sinne". *Kritische Studienausgabe* Bd. 1, hg. von Giorgio Colli und Mazzino Montinari, 875–90. Berlin: de Gruyter 1980.

—. 1874. „<Darstellung der antiken Rhetorik>". *Vorlesungsaufzeichnungen (WS 1871/72–WS 1874/75*, Kritische Gesamtausgabe, 4. Abt, Bd. 4, hg. von Giorgio Colli und Mazzino Montinari, 413–502. Berlin: de Gruyter 1995.

—. 1887. *Jenseits von Gut und Böse. Zur Genealogie der Moral*. Kritische Gesamtausgabe, 6. Abt, Bd. 2, hg. von Giorgio Colli und Mazzino Montinari. Berlin: de Gruyter 1968.

Nonhoff, Martin. 2007. *Diskurs – radikale Demokratie – Hegemonie. Zum politischen Denken von Ernesto Laclau und Chantal Mouffe*. Bielefeld: transcript.

Oberprantacher, Andreas. 2016. „Radikal demokratischer Ungehorsam. ‚Illegale' als strittiges politisches Subjekt". *Zeitschrift für Praktische Philosophie* 3(1): 305–38.

Oberprantacher, Andreas/Siclodi, Andrei. Hg. 2017. *Subjectivation in Political Theory and Contemporary Practices*. London: Palgrave.

Parkinson, G.H.R. 1989. „Hegel, Marx and the Cunning of Reason". *Philosophy* 64(249): 287–302.

Peirce, Charles S. 1878. „How to Make Our Ideas Clear". *Popular Science Monthly* 12: 286–302.

Pineda, Erin. 2015. „Civil Disobedience and Punishment. (Mis)reading Justification and Strategy from SNCC to Snowden". *History of the Present* 5(1): 1–30.

—. 2021. *Seeing Like an Activist, Civil Disobedience and the Civil Rights Movement*. New York: Oxford UP.

Poe, Danielle. 2011. „Can Luce Irigaray's Notion of Sexual Difference Be Applied to Transsexual and Transgender Narratives?" *Thinking with Irigaray*, hg. von Mary C. Rawlinson u. a., 111–28. New York: SUNY Press.

Posselt, Gerald. 2004. „Aufklärung als historische und rhetorische Kritik in Nietzsches *Zur Genealogie der Moral*". In *Nietzsche – Radikalaufklärer oder Radikaler Gegenaufklärer?*, hg. von Renate Reschke, 279–86. Berlin: Akademie.

—. 2005. *Katachrese: Rhetorik des Performativen*. München: Fink.

—. 2009. „Repräsentation und Performativität. Sprechakttheoretische Überlegungen im Anschluss an Austin, Benveniste, Bourdieu und Derrida". *Ereignis Denken. TheatRealität, Performanz, Ereignis*, hg. v. Arno Böhler u. Susanne Granzer, 195–218. Wien: Passagen.

Posselt, Gerald/Flatscher, Matthias. 2016. *Sprachphilosophie. Eine Einführung*. Unter Mitarb. von Sergej Seitz. Wien: facultas/UTB.

Posselt, Gerald/Hetzel, Andreas. 2023. „Rhetoric as Critique: Towards a Rhetorical Philosophy". *Theory, Culture & Society* 40(3): 41–61.

Posselt, Gerald/Seitz, Sergej. 2019. „Sprachen des Widerstands. Zur Normativität politischer Artikulation bei Foucault und Rancière". *Foucault und das Politische: Transdisziplinäre Impulse für die politische Theorie der Gegenwart*, hg. von Oliver Marchart und Renate Martinsen, 185–209. Wiesbaden: Springer.

—. Hg. 2020a. „Politics of Truth". *Genealogy+Critique* 6(1).

—. 2020b. „Relativism and Poststructuralism". In *The Routledge Handbook of Philosophy of Relativism*, hg. von Martin Kusch, 133–43. New York: Routledge.

—. 2023. „Truth and its Political Forms: An Explorative Cartography". *Contemporary Political Theory* 2023.

Prager, Julia/Seitz, Sergej. 2017. „Feministische Philosophie und Gendertheorie: Rhetoriken des Körpers". In *Handbuch Rhetorik und Philosophie*, hg. von Andreas Hetzel und Gerald Posselt, 399–420. Berlin: de Gruyter.

Prinz, Janosch. 2016. „Raymond Geuss' Radicalization of Realism in Political Theory". *Philosophy & Social Criticism* 42(8): 777–96.

Prinz, Janosch/Rossi, Enzo. 2017. „Political Realism as Ideology Critique". *Critical Review of International Social and Political Philosophy* 20(3): 348–65.

Quintilianus, Marcus Fabius. Inst. Orat. *Institutionis Oratoriae Libri XII. Ausbildung des Redners*, hg. von Helmut Rahn. Bd. 2: Buch VII–XII. Darmstadt: WBG 1995.

Ramin, Lucas von. 2022. *Politik der Ungewissheit: Grenzen postmoderner Sozialphilosophie in Anschluss an Richard Rorty, Zygmunt Bauman und Oliver Marchart*. Bielefeld: transcript.

Rancière, Jacques. 1995. *Das Unvernehmen: Politik und Philosophie*. Frankfurt/M.: Suhrkamp 2002.

—. 2000. „Konsens, Dissens, Gewalt". In *Gewalt. Strukturen, Formen, Repräsentationen*, hg. von Mihran Dabag et al., 97–112. München: Fink.

—. 2017. „Wer ist das Subjekt der Menschenrechte?" In *Die Revolution der Menschenrechte. Grundlegende Texte zu einem neuen Begriff des Politischen*, hg. von Christoph Menke u. Francesca Raimondi, 474–90. Berlin: Suhrkamp.

Rawls, John. 1971. *Eine Theorie der Gerechtigkeit*. Frankfurt/M.: Suhrkamp 1979.

—. 1993. *Politischer Liberalismus*. Frankfurt/M.: Suhrkamp 2003.

Rebentisch, Juliane. 2014. „Option exit. Kleine politische Landkarte des Entzugs". *WestEnd. Neue Zeitschrift für Sozialforschung* 1:109–20.

Ricœur, Paul. 1957. „Le paradoxe politique". *Esprit* 250(5): 721–45.

—. 1999. *Die Interpretation. Ein Versuch über Freud*. Frankfurt/M.: Suhrkamp.

Rodatos, Milos/Trimçev, Rieke. 2021. „Die demokratische Repräsentation des *agon*. Erkundungen mit Jacques Rancière und Ernesto Laclau". In *Agonale Demokratie und Staat*, hg. von Manon Westphal, 121–50. Baden-Baden: Nomos.

Rolf, Eckard. 2009. *Der andere Austin. Zur Rekonstruktion/Dekonstruktion performativer Äußerungen – von Searle über Derrida zu Cavell und darüber hinaus*. Bielefeld: transcript.

Rorty, Richard. 1979. *Der Spiegel der Natur. Eine Kritik der Philosophie*. Frankfurt/M.: Suhrkamp 2017.

—. 1989. *Kontingenz, Ironie und Solidarität*. Frankfurt/M.: Suhrkamp 2018.

—. 1994. *Hoffnung statt Erkenntnis. Eine Einführung in die pragmatische Philosophie*. Wien: Passagen.

Rzepka, Vincent/Straßenberger, Grit. 2014. „Für einen konfliktiven Liberalismus". *Zeitschrift für Politische Theorie* 5(2): 217–33.

Saar, Martin. 2007. *Genealogie als Kritik. Geschichte und Theorie des Subjekts nach Nietzsche und Foucault*. Frankfurt/M.: Campus.

Schaal, Gary S./Fleuß, Dannica/Dumm, Sebastian. 2017. „Die Wahrheit über Postfaktizität". *bpb.de*. https://www.bpb.de/shop/zeitschriften/apuz/258506/die-wahrheit-ueber-postfaktizitaet/ 27. Oktober 2017.

Schaller, Philipp. 2018. „Die Freiheit im Spiegel der Natur. Kant, Schiller, Dostojewskij". In *Natur und Freiheit. Akten des XII. Internationalen Kant-Kongresses*. 5 Bde. Bd. 5, hg. von Violetta L. Waibel et al., 3331–42. Berlin: de Gruyter.

Scheuerman, William E. 2014. „Whistleblowing as Civil Disobedience: The Case of Edward Snowden". *Philosophy & Social Criticism* 40(7): 609–28.

Scheuerman, William E. 2015. „Recent Theories of Civil Disobedience: An Anti-Legal Turn?" *Journal of Political Philosophy* 23 (4): 427–49.

Schiller, Friedrich. 1793. *Kallias oder über die Schönheit/Über Anmut und Würde*. Hg. von Klaus L. Berghahn. Stuttgart: Reclam 2010.

—. 1795.*Über die ästhetische Erziehung des Menschen in einer Reihe von Briefen*. Mit den Augustenburger Briefen hg. von Klaus L. Berghahn. Stuttgart: Reclam 2010.

Schirach, Ferdinand von. 2014. *Die Würde ist antastbar. Essays*. München: Piper.

Schmitt, Carl. 1932. *Der Begriff des Politischen*. Berlin: Duncker & Humblot 2009.

Seitz, Sergej/Posselt, Gerald. 2017. „Theorien der Metapher: Die Provokation der Philosophie durch das Unbegriffliche". In *Handbuch Rhetorik und Philosophie*, hg. von Andreas Hetzel und Gerald Posselt, 421–48. Berlin: de Gruyter.

Selk, Veith. 2023. *Demokratiedämmerung. Eine Kritik der Demokratietheorie*. Berlin: Suhrkamp.

Spivak, Gayatri Chakravorty. 1988. *Can the subaltern speak? Postkolonialität und subalterne Artikulation*. Einl. von Hito Steyerl. Wien: Turia+Kant 2011.

—. 1990. *The Post-Colonial Critic: Interviews, Strategies, Dialogues*. New York: Routledge.

— 1994. „Foundations and Cultural Studies". In *Questioning Foundations: Truth, Subjectivity and Culture*, hg. von Hugh J. Silverman, 153–75. New York: Routledge.

Stavrakakis, Yannis. 2002. *Lacan and the Political*. New York: Routledge.

—. 2007. *The Lacanian Left: Psychoanalysis, Theory, Politics*. Edinburgh: Edinburgh UP.

Stegmaier, Werner. 2017. „Nietzsches rhetorische Philosophie der Rhetorik". In *Handbuch Rhetorik und Philosophie*, hg. von Andreas Hetzel und Gerald Posselt, 239–262. Berlin: de Gruyter.

Talisse, Robert B./Aikin, Scott F. Hg. 2011. *The Pragmatism Reader. From Peirce through the Present*. Princeton: Princeton UP.

Tanasescu, Mihnea. 2022. *Understanding the Rights of Nature. A Critical Introduction*. Bielefeld: transcript.

Thomas, Peter D. 2011. *Gramscian Moment. Philosophy, Hegemony and Marxism*. Chicago: Haymarket.

Thonhauser, Gerhard. 2020. „Von der Unmöglichkeit der Institutionalisierung des Politischen zur ambivalenten Kraft politischer Imagination. Ein Streifzug mit Marchart, Hochschild und Castoriadis". In *Institutionen des Politischen. Perspektiven der radikalen Demokratietheorie*, hg. von Steffen Herrmann und Matthias Flatscher, 379–410. Baden-Baden: Nomos.

—. 2022. *Heideggers „Sein und Zeit". Einführung und Kommentar*. Berlin: Springer.

Toulmin, Stephen. 1958. *Der Gebrauch von Argumenten*. Weinheim: Beltz 1996.

Trimçev, Rieke. 2018. *Politik als Spiel: Zur Geschichte einer Kontingenzmetapher im politischen Denken des 20. Jahrhunderts*. Baden-Baden: Nomos.

Tronto, Joan C. 2013. *Caring Democracy. Markets, Equality, and Justice*. New York: NYU Press.

Vogelmann, Frieder. 2019. „Should Critique Be Tamed by Realism? A Defense of Radical Critiques of Reason". *Le Foucaldien* 5(1): 1–34.

Vogelmann, Frieder/Nonhoff, Martin. Hg. 2021. *Demokratie und Wahrheit*. Baden-Baden: Nomos.

Waldschmidt, Anne. 2022. *Handbuch Disability Studies*. Wiesbaden: Springer.

Watson, Nick/Roulstone, Alan/Thomas, Carol. 2022. *Routledge Handbook of Disability Studies*. London: Routledge.

Wesche, Tilo. 2023. *Die Rechte der Natur. Vom nachhaltigen Eigentum*. Berlin: Suhrkamp.

West, Cornel. 2024. *Pragmatismus und radikale Demokratie*. Berlin: Suhrkamp.

Westphal, Manon. 2022. „Against the Status Quo: The Social as a Resource of Critique in Realist Political Theory". *Critical Review of International Social and Political Philosophy* 26(3): 418–36.

Williams, Bernard. 2002. *Truth & Truthfulness. An Essay in Genealogy*. Princeton: Princeton UP.

—. 2005. *In the Beginning Was the Deed. Realism and Moralism in Political Argument*. Princeton: Princeton UP.

Wingenbach, Ed. 2011. *Institutionalizing Agonistic Democracy. Post-Foundationalism and Political Liberalism*. Burlington: Ashgate.

Wittgenstein, Ludwig. 1921. *Tractatus logico-philosophicus: Logisch-philosophische Abhandlung*. Frankfurt/M.: Suhrkamp 1963.

—. 1953. *Philosophische Untersuchungen*. Frankfurt/M.: Suhrkamp 2003.

Wolin, Sheldon S. 1994a. „Fugitive Democracy". *Constellations* 1(1): 11–25.

—. 1994b. „Norm and Form: The Constitutionalizing of Democracy". In *Athenian Political Thought and the Reconstruction of American Democracy*, hg. von J. Peter Euben u. a., 29–58. Ithaca: Cornell UP.

Wood, Ellen Meiksins. 2016. *Democracy Against Capitalism: Renewing Historical Materialism*. London: Verso.